Anne Lalanne

Faire de la philosophie à l'école élémentaire

Préface de François Dagognet

2, rue Maurice Hartmann - 92 133 Issy-les-Moulineaux

Collection
Pratiques et enjeux pédagogiques
dirigée par Michel Develay

© 2002, ESF éditeur
2ᵉ édition 2004
Division de Reed Business Information
2, rue Maurice-Hartmann 92133 Issy-les-Moulineaux cedex
ISBN 2 7101 1687 1
ISSN 0248-0328

Le Code de la propriété intellectuelle n'autorisant, aux termes de l'article L.122-5, 2° et 3° a), d'une part, que les « copies ou reproductions strictement réservées à l'usage privé du copiste et non destinées à une utilisation collective » et, d'autre part, que les analyses et les courtes citations dans un but d'exemple ou d'illustration, « toute représentation ou reproduction intégrale, ou partielle, faite sans le consentement de l'auteur ou ses ayants droit, ou ayants cause, est illicite » (art. L. 122-4). Cette représentation ou reproduction, par quelque procédé que ce soit, constituerait donc une contrefaçon sanctionnée par les articles L. 335-2 et suivants du Code de la propriété intellectuelle.

*La philosophie n'est pas un temple
mais un chantier*
Georges Canguilhem

À mes filles Marthe et Camille

Aux enfants de l'atelier de philosophie :

Agathe, Amine, Annabelle, Anissa,
Bastien, Bénédicte, Clément, Cora,
Cyril, Ismahane, Janna, Jennifer,
Loury, Marion, Nassiba, Nathalie,
Pauline, Thomas...
et... tous les autres

Remerciements à M. Ducasse et Quentin,
inspecteurs de l'Éducation nationale,
qui ont cru à l'enjeu de ce projet et l'ont soutenu.

Après des études de philosophie à l'université Paul Valéry à Montpellier, Anne Lalanne choisit d'enseigner dans le premier degré. Il y a cinq ans, elle met en place avec ses élèves de CP un atelier de philosophie. Grâce au soutien constant de sa hiérarchie, l'expérience devient recherche à travers le suivi d'un groupe d'enfants du CP au CM2, balayant ainsi toutes les années de l'école élémentaire. Professeur d'école et maître-formatrice, elle est aujourd'hui formatrice associée à l'IUFM de Montpellier.

Table des matières

Préface F. Dagognet 7
Introduction 11

Première partie
PRÉSUPPOSÉS THÉORIQUES

1. Qu'il est possible de philosopher avec des enfants 15
   Peut-on philosopher sans vocabulaire technique ? 15
   Peut-on philosopher sans références doctrinales ? 17
   La philosophie n'est-elle pas trop abstraite pour l'enfant ? 18
   L'enfant est-il assez mûr pour philosopher ? 20

2. À quelles conditions il est possible de philosopher avec des enfants 25
   L'acte philosophique comme retour sur ses représentations .. 25
   La philosophie s'adresse au sujet rationnel 27
   Le domaine de la philosophie 30

Deuxième partie
UN ATELIER DE PHILOSOPHIE À L'ÉCOLE

1. Présentation de l'atelier 35
   Objectifs 35
   Déroulement 36
   Thèmes et supports utilisés 38

2. Analyse d'une pratique réflexive 41
   Le travail philosophique 41

Le rôle de l'enseignant 52
Évolution des enfants 70

3. Conséquences au niveau scolaire 91
Constat 91
Compétences transversales développées 93

Troisième partie
PISTES POUR LA FORMATION DES MAÎTRES

1. Qu'est-ce que la philosophie ? 109
2. Comment mettre en place un atelier ? 112
La séance spontanée 112
Les discussions occasionnelles 114
L'atelier de philosophie 117

Conclusion 121
Bibliographie 123

Préface

●●●●●●●●●●●●●●●●●●●●●●●●●

Bien que peu favorable – le mot est faible – à la dispersion de l'enseignement de la philosophie qu'en conséquence je réserve à la classe de terminale des lycées – le moment de la synthèse, celui de la réflexion sur les savoirs acquis – j'ai tenu à lire l'atelier de philosophie que Madame Lalanne réserve aux élèves de l'école élémentaire. Qui ne gagne à observer ou à connaître « son inverse » ?

Celui qui entrera dans l'examen de cette audace sans pareille – philosopher avec des enfants – en sortira ébranlé dans ses convictions, voire même électrisé.

Je laisse de côté ce qui a été analysé et précisé avec soin, avec méthode :
1. En quoi va consister cette jeune réflexion philosophante ?
Madame Lalanne repère un progrès : au début, éveiller à un vocabulaire, prendre conscience des mots. Ensuite, travailler à des énoncés argumentaires. Enfin, s'ouvrir aux remarques des autres et ne plus se confiner dans ses propres certitudes.
2. De même a été définie subtilement la fonction du maître, indispensable, sinon la classe risquerait de glisser vers des échanges et conversations marginales. Au maître est confié le soin ou « guidage ». Il va canaliser. Il aidera à mieux organiser la pensée ou à la mieux formuler.
3. Le jeune atelier de philosophie – à caractère expérimental – suppose des règles qui le facilitent. Sans entrer dans tout ce qui le favorise, signalons que plusieurs « classes » ou cycles sont prévus. La durée des séances diffère. Ce livre va même jusqu'à envisager l'emplacement des élèves ou de leurs tables, tables car ils gagneront, *in fine*, à écrire ce qu'ils expriment.

Ce qui donne un choc au sceptique a été réservé aux conclusions : celui qui conteste la validité de ces séances est obligé de prendre acte de ce que les maîtres de l'école ont noté, vérifié, à savoir que ceux qui

Préface

ont fréquenté l'atelier en sortent transformés : curiosité en alerte, esprit critique éveillé, dynamisme intellectuel et culturel en mouvement.

Mais l'atelier ne se borne pas aux résultats ni à l'examen de tout ce qui le facilite. Madame Lalanne a multiplié les récits de ce qui se passe dans les échanges et les discussions. Ainsi, la séance peut débuter par une lecture, une fable de La Fontaine (*Le loup et l'agneau*), un mythe platonicien (*L'Anneau de Gygès*), une ou deux phrases de Descartes ou de Valéry. Il va de soi qu'on ne puisera pas dans les ouvrages de philosophie les plus ardus, sinon les plus rébarbatifs.

Des interrogations vives aideront à mettre le feu à la réunion : pourquoi donc le mot « table » pour la table ? Est-ce qu'on aime ses parents et les fraises de la même façon ? Le verbe aimer est-il le même ? Les animaux parlent-il entre eux ?

Le maître, ici, a su lancer la question, il a retenu des interrogations fondamentales.

Je dois avouer que tous les exercices ne se ressemblent pas ; certains me semblent moins appropriés (Qu'est-ce que savoir ? Qu'est-ce qu'exister ?). D'autres, plus difficiles, conviendront mieux au cycle supérieur : ils portent sur les illusions d'optique (les erreurs sensorielles) ou « Pourquoi apprendre l'histoire ? ».

Madame Lalanne n'ignore pas que l'enseignement traditionnel va droit au mur : il nous donne à apprendre des résultats ; il accumule ; il risque de susciter l'ennui.

L'atelier n'impose rien. Il tend seulement à permettre à l'élève de s'extraire de son vécu immédiat, à entendre les autres et à structurer sa réponse. Il s'interrogera sur le sens des mots (Aimer les fraises ? Aimer ses parents ?). Il préparera à des problèmes plus ardus, telle la différence entre les garçons et les filles, leur propre spécificité, s'il faut en admettre une.

Finalement, le livre est si bien bâti et surtout si « testimonial » (il témoigne directement d'une tentative réussie ; il en rend compte minutieusement ; il nous permet d'assister à des séances effectives, quand s'articulent les réponses, toutes recueillies ; il rend visible le rôle du maître) que tombe en partie mon objection de fond du début. À vrai dire, il s'agit moins dans cet ouvrage d'un atelier de philosophie (le mot pourrait susciter des réticences) que d'un lieu organisé de réflexion : l'élève apprend à penser. Il va jusqu'à échanger avec ses semblables. Il se sensibilise aux mots essentiels. Il s'interroge.

Il ne serait pas étonnant que ce livre déstabilise les dogmatiques.

François Dagognet
Professeur émérite à l'Université de Paris I
(Panthéon – Sorbonne)

Introduction

Quel enseignant n'a jamais été confronté aux questions d'enfants parfois déroutantes comme : « Est-ce qu'on peut être une autre personne ? », « Qu'est-ce qu'il y a après la mort ? », « Qu'est-ce que c'est un Dieu parce qu'on dit qu'il y en a plusieurs ? », « Qui a inventé le langage ? », « Qu'est-ce qu'un ami ? », « À quoi ça sert d'apprendre l'histoire ? », « Pourquoi on va à l'école ? »...

Déroutantes, ces questions le sont par leur contenu qui dépasse non seulement le champ de nos compétences mais aussi le cadre scolaire lui-même. Par ailleurs, l'enfant qui questionne s'adresse-t-il vraiment à l'enseignant, avec l'attente d'une réponse normative ou s'interroge-t-il à haute voix ? Nous avons, d'un côté, un être étonné, curieux de comprendre le monde dans lequel il prend petit à petit sa place ; de l'autre, un adulte souvent bien embarrassé et ne sachant trop s'il faut répondre ou éluder la question. Que doit-il en faire, que peut-il en faire dans le cadre scolaire ?

Ignorer ses questions (*quaestio* vient du latin : recherche) signifierait à l'enfant que sa quête de sens n'intéresse pas l'école. Et celle-ci peut-elle se passer de cette curiosité, de cette dynamique si nécessaire aux apprentissages ?

Confrontée à ce dilemme, j'ai eu l'idée de réserver un moment, dans le temps de classe, pour discuter ces interrogations sur le sens de la vie, du savoir, de notre rapport au monde et aux autres...

Je le conçus comme un moment où l'on prendrait le temps de réfléchir aux questions posées, aux réponses proposées, pour questionner ce sens commun qui s'impose à nous comme une vérité implacable. Un moment où le temps serait comme suspendu, durant lequel les enfants pourraient enfin se poser. Physiquement d'abord, car prendre son temps, c'est savoir arrêter toutes les activités, se mettre sur le bord du chemin et pouvoir réfléchir sereinement ; intellectuellement aussi, car penser

Introduction

demande une certaine disponibilité de l'esprit, libéré des préoccupations matérielles immédiates. Dans une société où l'activisme est un critère d'existence, il est sans doute important de faire découvrir aux enfants que prendre son temps n'équivaut pas à le perdre. Bref, un moment durant lequel les enfants réfléchiraient à ce qu'ils pensent, à ce qu'il est possible de penser... et aussi à ce que pensent les autres.

La création de ce « moment » soulevait des difficultés. Comment l'appeler ? Quel statut lui donner ? Puisqu'il s'envisageait comme une pratique, le terme « atelier » apparaissait le plus approprié. Et parce que la question de sens n'est pas limitée à un domaine particulier mais s'étend à tout ce qui est d'ordre existentiel, métaphysique, éthique, épistémologique ou encore esthétique ; et que nous ne sommes pas assurés d'apporter une réponse définitive à ces interrogations qui demeurent une recherche, le terme de « philosophie » semblait justifié.

C'est ainsi qu'est née l'idée d'un atelier de philosophie à l'école élémentaire [1].

---

1. À noter qu'il existe une vidéocassette restituant les séances de l'atelier de philosophie. Voir dans la bibliographie p. 124.

Première partie
Présupposés théoriques

Incontestablement la philosophie est à la mode. La floraison d'ouvrages de vulgarisation, l'engouement pour la discussion philosophique (au café, dans les différents médias) jusqu'au cabinet de consultation philosophique témoignent d'un véritable intérêt populaire pour la vieille dame.

Dans ce contexte, certains ne verront dans un atelier de philosophie à l'école élémentaire qu'un effet de cette mode : qu'ils se rassurent, s'il en est ainsi, le temps leur rendra raison puisque toute mode finit bien par passer. D'autres se heurteront rapidement à bien des interrogations :

• *Celle de la possibilité même d'un atelier* : la philosophie est une activité réputée – à juste titre – abstraite. L'enfant est-il capable d'en comprendre le vocabulaire spécifique ? La confrontation avec les différentes doctrines est-elle, sinon souhaitable, du moins possible ? Peut-il seulement accéder à une telle abstraction ? Un enfant de 7 à 10 ans est-il à même de s'adonner à un acte réflexif susceptible d'être qualifié de philosophique ? Ne vaut-il pas mieux attendre plus de maturité intellectuelle pour lui proposer ce type d'activité ?

• *Celle des conditions de sa réalisation* : en quoi consiste le travail philosophique ? Quel est son domaine d'application ? Que peut-on attendre d'une telle entreprise à ce niveau de la scolarité ?

Il nous faut d'abord exposer ces réticences et tenter ensuite de les réfuter, afin de comprendre les conditions de possibilité requises pour la mise en place d'un atelier de philosophie.

1
Qu'il est possible de philosopher avec des enfants

▶ Peut-on philosopher sans vocabulaire technique ?

Le vocabulaire philosophique pose déjà des difficultés redoutables à l'adulte néophyte. Il n'est qu'à voir l'attention que requiert la lecture de grands textes philosophiques pour se demander comment un enfant peut se l'approprier.

C'est un fait, la philosophie se déploie dans le langage. Mais celui-ci pose immédiatement des soucis au philosophe, qui, appliqué à la précision, la rigueur, la cohérence de sa pensée, se trouve dans un contexte de langue vernaculaire, pleine d'ambiguïté, d'imprécision. Le langage commun n'est pas son fait, ni même celui de quelques sujets. Saussure nous a montré qu'il était le résultat d'un produit social, ayant une vie propre, indépendante. Mal à l'aise dans ce contexte « de moyens d'origine statistiques et anonymes »[1], le philosophe, depuis Platon (cf. Lettre VII), se montre méfiant par rapport au langage, redoutant les approximations, les contresens. « Malgré la grande richesse de nos langues, le penseur se voit souvent embarrassé pour trouver une expression qui convienne exactement à sa pensée. »[2] Il est donc amené à constituer un langage qui lui est propre et donc technique. Loin de prétendre « légiférer dans la langue »[3], il

---
1. P. Valery, « Propos sur la poésie », *Œuvres complètes*, p. 1366.
2. Kant, *Critique de la raison pure*, p. 316.
3. *Ibid.*

veut seulement par là garantir la rigueur de l'effectivité de sa pensée. Sans décrire comment cela s'opère, force est de reconnaître que la pensée se joue dans et par ce travail sur la langue. Cette appropriation de la pensée donne le sentiment que le philosophe se coupe de la langue du quotidien et que pour philosopher, il faut apprendre une langue et maîtriser un minimum de vocabulaire. Des enfants accéderaient-ils à cela ?

Sans doute pas. Mais cela signifie-t-il pour autant que le travail philosophique leur soit inaccessible ? Nous ne le croyons pas.

Nous ferons d'abord remarquer que si l'expression rigoureuse de la pensée philosophique est le plus souvent mieux garantie dans un vocabulaire spécifique, elle n'en demeure pas moins exprimable dans la langue de tous les jours. Ceci n'est jamais totalement impossible même si c'est toujours risqué. Comment s'y prendrait le professeur de classe terminale dans ses leçons de philosophie ? Comment s'y prendraient les élèves pour réfléchir avec lui ? On peut très bien exprimer dans un langage simple l'expression « réflexion transcendantale », sans trahir fondamentalement l'idée même de cette opération.

Mais surtout que la réflexion philosophique la plus achevée, la mieux appropriée se fait à partir du travail sur la langue vernaculaire et par elle. Les élèves de terminale le savent bien et s'irritent parfois lorsqu'on les invite à expliciter, à réfléchir sur le sens qu'ils donnent spontanément à certains mots. À cela, de jeunes élèves peuvent être invités, et ceci n'est pas faute de moins, c'est les inviter à commencer à philosopher. Qui oserait prétendre philosopher à partir de l'apprentissage d'un lexique, fut-il philosophique ? *Philosopher, c'est d'abord éprouver sa pensée dans les approximations, les préjugés, les ambiguïtés du langage de tous les jours.*

Enfin, rappelons que le premier philosophe, celui que tous reconnaissent comme « le patron »[4], parlait comme tout un chacun

---

4. Merleau-Ponty, *Éloge de la philosophie*, p. 42, «Pour retrouver la fonction entière du philosophe, il faut se rappeler que même les philosophes-auteurs que nous lisons et que nous sommes n'ont jamais cessé de reconnaître pour le patron un homme qui n'écrivait pas, qui n'enseignait pas, du moins dans des chaires d'État, qui s'adressait à ceux qu'il rencontrait dans la rue et qui a eu des difficultés avec l'opinion et avec les pouvoirs, il faut se rappeler Socrate.»

à Athènes, ne savait rien (dit-on) de la rhétorique ni de la sophistique et ne s'embarrassait pas d'un vocabulaire abscons. Oserait-on douter que Socrate ait philosophé ?

▶ Peut-on philosopher sans références doctrinales ?

Ce qui manquerait aussi aux enfants pour philosopher, c'est une connaissance philosophique, car, pense-t-on, sans lecture philosophique on ne saurait philosopher.

Il est indéniable qu'on philosophe mieux, plus efficacement, plus rapidement après avoir lu de la philosophie. Un grand philosophe nous permet de mieux formuler les problèmes, nous sort de nos propres apories. Un philosophe accompli est toujours un homme qui a lu d'autres philosophes et dont les travaux portent les traces de ses longues lectures méditantes.

Mais qu'on philosophe mieux à partir de grands textes ne saurait vouloir dire qu'on ne philosophe point sans eux. On touche ici à une confusion regrettable sur la réalité de la philosophie : elle est ramenée communément à une connaissance historique des idées et doctrines alors qu'elle est essentiellement (dans son essence), un acte. Cela est si manifeste qu'on peut, comme le dit Kant, avoir appris des doctrines philosophiques sans avoir commencé à philosopher. « Aussi celui qui a proprement appris un système de philosophie, par exemple le système de Wolf, eût-il dans la tête tous les principes, toutes les définitions et toutes les démonstrations, ainsi que la division de toute la doctrine, et fût-il en état d'en compter en quelque sorte toutes les parties sur ses doigts, celui-là n'a encore qu'une connaissance historique complète de la philosophie de Wolf ; il ne sait et ne juge que d'après ce qui lui a été donné [5]. »

Avoir appris de la philosophie n'est pas philosopher. En ce sens on n'apprend pas la philosophie, elle n'est jamais donnée en tant que telle, mais on peut apprendre à philosopher.

---

5. Kant, *op. cit.*, p. 623.

Ici encore le maître d'Athènes est indépassable : il est philosophe mais ne sait qu'une chose, c'est qu'il ne sait rien. S'il nous invite à philosopher, ce n'est pas comme un sophiste en nous emplissant d'un savoir (équitablement monnayé) mais en nous inquiétant, en éveillant notre âme à la vérité, en nous initiant à une recherche, en permettant de nous mettre en marche vers la vérité. Ce pourquoi il préféra comme image de son acte auprès des jeunes gens d'Athènes, non pas celle de celui qui transmet un savoir, mais de celui qui peut accoucher l'âme de son interlocuteur.

Si l'essence de la philosophie est dans cette nuance, il nous apparaît légitime que les premiers pas de cette démarche restent encore possibles avec des enfants pour lesquels toute connaissance historique, en tant que telle, est inconnue.

▶ La philosophie n'est-elle pas trop abstraite pour l'enfant ?

L'abstraction philosophique est un fait, on ne saurait le lui reprocher sous peine de regretter que la philosophie soit elle-même. Philosopher, c'est abstraire, c'est dégager à partir de notions une généralité qui englobe une multiplicité de cas, c'est tenter d'établir une universalité. En ce sens, philosopher, c'est s'élever au-dessus du donné, du concret, tenter de penser ce qui est dans la singularité à partir d'une généralité. Ce mouvement d'abstraction est toujours perceptible dans la progression des dialogues platoniciens et même si la philosophie contemporaine ne pense plus ce travail comme un retour de l'âme à l'idée, cette élévation garde un sens. Face à cela, on pense que l'enfant en serait incapable, qu'il en reste toujours au sensible, au particulier. En quoi la philosophie lui serait d'une redoutable difficulté et qu'il faudrait, ici encore, attendre.

À cette objection, on accordera que l'abstraction est une difficulté pour l'enfant mais qu'elle l'est aussi pour l'adolescent et pour l'adulte. L'enfant ne saurait sans doute s'élever à toute abstraction philosophique certes, mais nous récusons le fait qu'il en soit totalement incapable. D'abord parce que l'enfant est d'emblée dans l'abstraction, dans le général, dans l'universel comme dit Hegel. L'acte d'abstraction habite déjà le langage et l'enfant s'y adonne en parlant. Parler, c'est généraliser. Il y a dans le mot même un effort d'abstraction, de symbolisation. Dire « maintenant », c'est employer un terme dont la signification est d'emblée universelle : le maintenant prononcé pour décrire une action qui se réalise à un moment donné, au moment où il est exprimé, est déjà passé, c'est d'un autre maintenant qu'il s'agit, qui n'est pas non plus le même que celui prononcé le lendemain pour décrire une autre action en train de se réaliser et pourtant nous employons un vocable identique. Nommer ou « l'acte d'indiquer est donc lui-même le mouvement qui exprime ce que le maintenant est en vérité, un résultat précisément ou une pluralité de maintenant rassemblés et unifiés. Indiquer, c'est faire l'expérience que le maintenant est un universel »[6].

Pour ceux qui résisteraient encore, il faut considérer que l'enfant est confronté à l'abstraction bien avant que la philosophie lui soit proposée en terminale. Il n'est qu'à réfléchir un tant soit peu aux concepts mathématiques pour comprendre que l'enfant est invité très tôt à travailler sur des notions qui ne touchent en rien le sensible. Pensons seulement à ce que signifie compter : compter des pommes, c'est déjà s'élever à un niveau abstrait qui exige que je place sous un dénombrement d'une même famille des objets bien réels, fort sensibles sous certains aspects mais qui demeurent cependant irréductibles l'un l'autre. Passer du dénombrement au calcul, c'est dépasser la réalité pour abstraire, puisque lorsque je veux calculer combien je possède de pommes réparties à l'intérieur de deux paniers, je vais mettre en relation des quantités directement à partir de leur représentation numérique, sans passer par la médiation physique d'une ou plusieurs collections dont les éléments réels seraient dénombrés. Ou encore, reconnaître une relation de cause à effet de type « si... alors », permettant la formulation d'une hypothèse mathématique, ou généraliser à une classe entière d'éléments ce qui a été observé sur des cas particuliers, n'est-ce pas amener l'enfant à s'abstraire de la réalité tangible ?

---

6. Hegel, *Phénoménologie de l'esprit,* Tome 1, p. 89.

Présupposés théoriques

Comment peut-on, dans le même temps, reconnaître l'enfant digne de s'adonner à l'abstraction mathématique et prétendre qu'il serait incapable d'accéder à l'abstraction des idées ?

▶ L'enfant est-il assez mûr pour philosopher ?

L'argument le plus répandu et sans doute le plus résistant à cette idée de philosopher avec des enfants est celui de la maturité. Il consiste simplement à dire que la raison doit venir à son moment dans l'évolution de l'enfant et qu'on ne saurait brûler les étapes, qu'il pourrait même être dangereux de ne pas respecter un ordre que l'on croit volontiers naturel. L'enjeu est de taille puisqu'on lit déjà chez Rousseau que le respect de cette progression naturelle assure le plein succès d'une éducation qui sait retarder le plus possible le moment de la raison. Celle-ci est bien le terme, le but de l'éducation mais non le moyen ; le pédagogue doit bien travailler en vue de la raison mais non d'emblée par elle. Sur ce point, Rousseau est très clair : « Le chef d'œuvre d'une bonne éducation est de faire un homme raisonnable : et l'on préfère élever un enfant par la raison ! C'est commencer par la fin, c'est vouloir faire l'instrument de l'ouvrage.[7] »

Certains trouveront donc chez le précepteur d'Émile un bon avocat. On ne saurait le désapprouver totalement lorsque avec lui, ils redoutent qu'invitant trop tôt l'enfant au travail de la raison, on risque simplement de les voir se « payer de mots [8] ». Prétendant le faire réfléchir, on ne lui permet que d'imaginer tandis qu'il croit penser. Pour vouloir trop bien faire, on gâche tout, tandis qu'on espérait un être raisonnable avec toutes les vertus que le caractérisent, on constate un être vicié, un petit raisonneur, maladroit et violent qui joue de sa raison comme de son cerf-volant, arguant d'une philosophie babillarde (en proie au simple verbalisme), dans laquelle le penseur aura du mal à reconnaître un effet dont

---

7. Rousseau, *L'Émile*, Œuvres complètes, Tome 3, p. 61-62.
8. *Ibid.*

l'homme s'enorgueillit : la perfectibilité. Inviter trop tôt l'enfant à réfléchir comporte donc bien des risques.

On ne niera pas que ces risques existent. Mais ils ne sont pas des effets nécessaires de l'entreprise et notre propre expérience ne nous a pas donné à voir des petits monstres qui se jouent de ce que l'adulte leur propose, mais des êtres travaillant déjà, à leur niveau, certaines questions pour lesquelles ils ont un vif intérêt.

Mais, c'est sur le fond qu'il nous faut répondre à l'argument. Cette idée d'une pédagogie très progressive, pour respectueuse qu'elle soit d'un ordre, d'une maturation, n'en est pas moins irréalisable et présente même des travers. S'il faut attendre que l'enfant soit à même d'user sans dommage pour lui de sa raison, qu'en est-il de sa vie et des questions qui surgissent pour lui, avant qu'il puisse s'y adonner rationnellement ? Devront-elles être éludées ? « Tu comprendras plus tard, quand tu seras grand ! » N'est-ce pas la situation rêvée pour favoriser les préjugés les plus divers et finalement le rendre passif et vulnérable à ce qui lui est proposé ? Pour le cas, ceux qui redoutaient la confusion entre raison et imagination dans un raisonnement trop tôt proposé ne laissent-ils pas l'enfant ici en proie à sa seule imagination dont les effets ne sont pas moins redoutables et durables ?

Quelles autres réponses lui seront proposées ? Préfèrera-t-on la présence de certaines images à un commencement de réflexion ? C'est ainsi qu'on montrerait quelques réticences à laisser l'enfant réfléchir aux questions du sens de la vie, de la mort, de ce qu'il y a quelque chose plutôt que rien, mais qu'on ne verrait aucun danger dans une bonne éducation religieuse que bien sûr on trouvera indemne de tout danger pour l'enfant.

Aux questions posées par l'enfant il faut répondre, croit-on. Et pourquoi ne pas l'aider à mieux poser la question ? Certains préfèrent, il est vrai, une méthode plus expéditive, comme on le lit dans une encyclopédie religieuse pour enfants de 11 à 12 ans : « Parce qu'il y a des questions trop importantes pour rester sans réponse [9] ». Réponses qui se veulent tellement rassurantes, stables

---

9. *Théo Junior, l'encyclopédie catholique pour les jeunes*, Christine Pedotti et Michel Dubost, Paris, éditions Droguet et Ardant, 2000.

pour, pense-t-on, ne pas inquiéter l'enfant (celui-ci aurait besoin de certitudes métaphysiques pour se construire) et qui ont du mal à entendre et à garder ouvertes les interrogations essentielles que leurs mêmes dogmes suscitent. Telle cette question d'enfant qui pose naïvement le problème de la toute puissance divine, jusqu'où cette dernière se démarque-t-elle de la pensée magique : « Quand je prie Dieu et que je lui demande quelque chose pour quelqu'un, est-ce que c'est de la magie ? » Les questions théologiques sont-elles de nature si différentes de certains problèmes métaphysiques soulevés par la philosophie ?

Ainsi croit-on l'enfant digne de réponses mais on pense préjudiciable qu'il aborde à son niveau la question, qu'il la travaille et qu'il commence ce questionnement qu'il saura faire vivre tout au long de son existence. À ces généreux protecteurs de l'innocence de l'enfant, nous voudrions, sur le fond, dire nos réticences face aux présupposés théoriques de leur position. Retarder l'exercice de la raison, respecter un ordre n'est-ce pas se faire une idée un peu cloisonnée de ses facultés ? Cette idée analytique du développement du sujet est par trop réductrice. Qu'il y ait un ordre dans les apprentissages, nous ne le nions point, mais que l'une ou l'autre des facultés de l'enfant ne soit convoquée qu'à partir d'un certain point seulement, nous y sommes plus réticents. Il faut accorder que le travail de la raison commence bien plus tôt que ce que cette pédagogie naturaliste nous autorise à penser. Il n'est qu'à entrer dans une classe de CP et écouter ce que les enfants proposent, rétorquent, s'objectent, pour comprendre qu'à ce niveau déjà un travail de réflexion a commencé. Le nier serait une maladresse du pédagogue. L'atelier de philosophie, nous permet de le reconnaître, de le pratiquer : l'enfant est invité à une recherche qui n'est pas prête de s'interrompre, dont la forme et l'efficacité sont loin d'être pleinement déployées.

Nous serions tentés de dire qu'il en est de la raison comme du désir. L'œuvre de Freud nous a montré combien de résistances elle a rencontrées à l'idée d'une sexualité enfantine. On admet aujourd'hui qu'il y a bien une sexualité avant même le développement des organes génitaux. De même, nous croyons que le travail de la raison a déjà commencé dans le petit homme ; simplement, il faut le prendre à son niveau et lui permettre de se développer pour se manifester pleinement. *Pour l'enfant, rien de ce qui est humain n'est totalement étranger.*

Nous terminerons en disant avec S. Agacinski que les termes de ce débat ne sont jamais dépourvus de paramètres idéologiques dont nous ne prétendons pas ici avoir permis le dépassement mais simplement un commencement de prise de conscience. « Mais si la maturité est un mythe philosophique, il a aussi servi et sert encore d'argument pour diverses doctrines et systèmes pédagogiques. Que peut signifier, politiquement, le rêve naturaliste d'un enseignement effacé ou retardé ? Il a toujours pu cautionner le rejet des éducations " dangereuses ", abriter les peurs qu'inspirait tel ou tel enseignement, justifier tous les obscurantismes : les enfants, les femmes et le " peuple " en ont toujours fait les frais.[10] »

Pourtant l'histoire de la philosophie est jalonnée de penseurs pour lesquels cet argument de la maturité ne semble pas essentiel.

Karl Jaspers remarque que les enfants posent très tôt des questions profondément philosophiques, capacité qu'ils perdent, hélas, en grandissant. Parce que non éveillés à ce questionnement, ils subissent ainsi la contagion des opinions communes et des conventions. « Le sens de la philosophie surgit, avant toute science, là où des hommes s'éveillent. [...] Un signe admirable du fait que l'être humain trouve en soi la source de sa réflexion philosophique, ce sont les questions des enfants. [...] Ils ont souvent une sorte de génie qui se perd lorsqu'ils deviennent adultes. Tout se passe comme si, avec les années, nous entrions dans la prison des conventions et des opinions courantes, des dissimulations et des préjugés, perdant du même coup la spontanéité de l'enfant, réceptif à tout ce que lui apporte la vie qui se renouvelle pour lui à tout instant ; il sent, il voit, il interroge, puis tout cela lui échappe bientôt.[11] »

En 341 av. J.-C., Épicure affirmait déjà qu'il n'est jamais trop tôt ni trop tard pour philosopher : « Quand on est jeune, il ne faut pas hésiter à s'adonner à la philosophie. [...] Car personne ne peut soutenir qu'il est trop jeune pour acquérir la santé de l'âme. Celui

---

10. S. Agacinski, *Qui a peur de la philosophie ?*, p. 46.
11. K. Jaspers, *Introduction à la philosophie*, chap. 1, p. 6, 7, 9.

Présupposés théoriques

qui prétendrait que l'heure de philosopher n'est pas encore venue ressemblerait à celui qui dirait que l'heure n'est pas encore arrivée d'être heureux.[12] »

Montaigne, au XVIe siècle, milite lui en faveur d'un apprentissage de la réflexion, l'éducation devant guider l'élève vers la connaissance par le moyen du raisonnement : « Prenez les simples discours de la philosophie, sachez les choisir et traiter à point. Un enfant en est capable, au partir de la nourrice, beaucoup mieux que d'apprendre à lire et à écrire. La philosophie a des discours pour la naissance des hommes comme pour leur décrépitude. [...] Car la philosophie qui, comme formatrice des jugements et des mœurs, sera sa principale leçon, a ce privilège de se mêler partout.[13] »

---

12. Épicure, *Lettre à Ménécée*.
13. Montaigne, *Essais*, chap. XXVI, p. 236, 238.

2
À quelles conditions il est possible de philosopher avec des enfants

Sans doctrines philosophiques, sans vocabulaire spécifique, l'acte intellectuel qui peut être appelé philosophie est possible, à condition que certaines exigences soient respectées, soient conformes à l'essence de la philosophie.

▶ L'acte philosophique comme retour sur ses représentations

Philosopher, c'est d'abord réfléchir, c'est-à-dire faire un retour sur ses représentations, les prendre pour objet de son étude pour au moins trois raisons : savoir ce qu'on pense (en prendre conscience) ; savoir d'où on tient ce qu'on pense (quelle est l'origine de ce savoir ?) et enfin jusqu'où ce savoir vaut comme savoir (c'est-à-dire quelle est sa valeur rationnelle ?).

Ce travail peut être fait avec de jeunes enfants : les enfants parlent d'amitié comme d'une relation entre amis : qu'est-ce qu'un ami ? Comment vont-ils prendre conscience de ce qu'ils pensent être un ami au-delà de l'évidence du vécu, du « C'est comme ça, c'est mon ami ! » Les enfants émettent l'idée de Dieu : comment en sont-ils venus à parler de Dieu ? D'où tiennent-ils cette idée ? À partir de quelles expériences ? Quelle valeur accorder au « On me l'a dit », « Tout le monde le sait » ? Enfin, que vaut cette représentation, jusqu'où peut-on parler de Dieu ? Suffit-il d'en avoir

Présupposés théoriques

entendu parler pour admettre son existence ? Le père Noël peut servir ici de contre-exemple.

Ce questionnement sur les représentations, sur les origines, sur leur valeur est bien un geste philosophique que les enfants font à leur niveau. Descartes ne fait-il pas, avec plus de conséquence, ce trajet intellectuel ? Dans la troisième méditation, il examine tout ce qu'il pense, il cherche l'origine des idées : idées factices, idées expérimentales...

N'est-ce pas là le même geste de l'esprit ? Le questionnement de Socrate aux jeunes gens d'Athènes ne mène-t-il pas à la même demande : prends conscience de ce que tu penses, tente de dire d'où tu le sais et jusqu'où tu le sais. En ce sens, philosopher, c'est penser sa pensée, savoir son savoir, réfléchir son savoir.

Comment y parvenir ? La première exigence est d'abord une attention aux termes employés qui passe par une précision dans leur définition. (Cette étape obligée irrite paradoxalement davantage les élèves de terminale que les jeunes enfants).

La philosophie travaille dans la langue et par elle. C'est un avantage car elle peut se passer d'une symbolique particulière, mais aussi un inconvénient car elle travaille d'abord avec les mots de tous les jours, les implicites, la polysémie des termes qui constituent autant de pièges et d'ambiguïté du message. « Vous avez certainement observé ce fait curieux, nous explique P. Valéry, que tel mot, qui est parfaitement clair quand vous l'entendez et l'employez dans le langage courant, et qui ne donne lieu à aucune difficulté quand il est engagé dans le train rapide d'une phrase ordinaire, devient magiquement embarrassant, introduit une résistance étrange, déjoue tous les efforts de définition aussitôt que vous le retirez de la circulation pour l'examiner à part, et que vous lui cherchez un sens après l'avoir soustrait à sa fonction momentanée ?[1] »

Des enfants de huit ans, qui au cours d'une séance de philosophie repèrent différents sens du mot « penser » à partir de leur expérience et arrivent à la conclusion que lorsqu'ils pensent en

---
1. P. Valéry, *Poésie et pensée abstraite*, p. 1317.

classe, ils réfléchissent ; que lorsqu'ils pensent à quelqu'un ou à quelque chose, ils se souviennent ; que lorsqu'ils pensent à ce qu'ils feront quand ils seront grands, ils imaginent, travaillent dans et sur la langue. Il est indéniable que c'est pour eux l'occasion de la mieux maîtriser.

À ce propos, l'argument qui objecte que les enfants ne peuvent véritablement philosopher car ils ne possèdent pas suffisamment leur langue (c'est du reste ce qu'on déplore également en terminale) apparaît bien faible. En effet, le travail de la pensée et le travail de la langue sont indissociables. Tout progrès sur la langue amène un travail de la pensée et tout travail de la pensée exige une meilleure acquisition de la langue. Il serait donc bien ruineux d'attendre que l'enfant soit du point de vue de la langue à même de faire de la philosophie : ce moment ne viendrait peut-être jamais. Comme le dit très justement J.-L. Nancy : « Il est déjà trop tard, dès lors qu'au principe on a séparé la langue du discours théorique et fixé un seuil pour l'accès à la réflexion.[2] »

Il faut se défaire de cette vision instrumentaliste du langage. *C'est dans les mots que nous pensons et non par leur intermédiaire*, on ne peut les réduire à n'être que le simple vêtement de la pensée. C'est l'objectivité des mots qui donne toute son effectivité à la pensée dit déjà clairement Hegel. Une pensée sans mots n'est qu'une illusion, une pensée qui ne sait pas ce qu'elle pense, qui ne pense pas. On ne pense que ce qu'on pense en le disant, le travail de la langue n'est pas le moment d'une transcription dans le langage des signes de la pensée, c'est celui de son effectivité même.

▶ La philosophie s'adresse au sujet rationnel

Philosopher, c'est donc faire usage de sa raison. La philosophie est l'œuvre de la raison. Faire de la philosophie avec des enfants c'est éveiller la raison en eux, c'est-à-dire les inviter à former des jugements rationnels et non les inviter à la simple expression du

---

2. J.-L. Nancy, *Qui a peur de la philosophie ?*, p. 213.

sujet affectif, psychologique. Il existe pour cela bien d'autres lieux de parole qui le lui permettent pleinement. La difficulté de cette nuance est de taille et on le voit jusqu'en terminale où bon nombre d'élèves confondent le fait d'avoir des opinions, auxquelles ils se raccrochent désespérément et penser par eux-mêmes, c'est-à-dire accepter de questionner ces opinions et de les discuter. Aussi ne parviennent-ils que très difficilement à se décentrer.

Et c'est parce que la philosophie est une entreprise rationnelle qu'elle déborde le sujet particulier. Elle convoque chacun dans ce qui le lie immédiatement aux autres par cette faculté qu'est la raison. Penser c'est s'ouvrir à l'universalité, c'est se placer sur un terrain où les autres sont déjà là, dans une œuvre personnelle et commune. Personnelle parce que je m'identifie à la raison, commune parce qu'elle est l'œuvre de tous les autres, ce dont ils ont la charge autant que moi.

L'atelier de philosophie est donc une réflexion devant les autres, avec les autres et aussi bien pour les autres. Lorsque Descartes écrit ses *Méditations*, il ne fait pas une œuvre jalousement gardée d'un itinéraire particulier, il tente une œuvre qu'il pense valable pour tout autre homme. Comme le sujet du jugement de goût : « C'est beau » énonce son jugement dans une prétention de droit à valoir pour tout autre homme, toute philosophie déborde son auteur, prétend à l'universel. Philosopher, c'est chercher des propositions qui puissent valoir pour d'autres et par là, c'est bien une recherche en commun dont les autres seront aussi les garants.

On est loin d'un atelier où il suffirait que l'enfant vienne proposer ce qu'il pense et où finalement tout se vaudrait au nom du « droit » à avoir une opinion personnelle. Philosopher, c'est éviter tout relativisme et il ne suffit pas de participer à une discussion où chacun dit ce qu'il pense pour que celle-ci soit philosophique. Philosopher, c'est s'efforcer de s'élever au-delà du sens commun. Cette élévation philosophique est particulièrement sensible dans tous les dialogues platoniciens où, selon une procédure très stricte et repérable, le sujet est invité à quitter le domaine de l'opinion pour parvenir à un universel. Mais cette élévation ne saurait se faire sans une véritable exigence intellectuelle, sans une véritable rigueur, autre point décisif qui nous paraît caractéristique du travail philosophique à travers trois objectifs : la problématisation, l'argumentation et la conceptualisation. Nous dirons comment ils peuvent être mis en œuvre avec de jeunes enfants.

Certes, on ne saurait retrouver avec eux les grands problèmes de l'histoire des idées : celui de la connaissance, du débat entre empirisme et rationalisme, celui de l'idéalisme et du matérialisme qui porte sur la nature du réel...

Mais s'il faut garder l'idée de problématique, ce sera celle d'un obstacle, d'une difficulté, de quelque chose qui fait échec à la pensée. Cette idée élémentaire de la problématique existe et est rencontrée par les enfants. Lorsqu'ils se demandent : « Comment connaissons-nous la réalité ? » et qu'ils arrivent à la question suivante : « Est-ce que les choses sont toujours comme elles le paraissent ? », c'est parce qu'ils se heurtent à une difficulté : si je suppose que la réalité, c'est ce que je perçois immédiatement avec mes sens (ce que je vois par exemple), jusqu'où ceux-ci sont-ils fiables ? Comment expliquer alors certaines illusions d'optique ? Comment comprendre la distinction entre les deux verbes *être* et *paraître* ?

Quant à la seconde exigence, celle de l'argumentation, la désignation des raisons de penser ce qu'on pense, leur classement, leur articulation peuvent être abordées lors de l'atelier où des thèses sont tour à tour envisagées, défendues, réfutées. La distinction entre un exemple et un argument est tout à fait décisive et d'un grand intérêt car l'argument est déjà le signe d'une abstraction de la pensée, il peut être généralisable.

D'autant plus qu'on argumente toujours pour les autres. « Le pluralisme aiguise le sens critique, dit C. Perelman, c'est grâce à l'intervention toujours renouvelée des autres que l'on peut mieux distinguer le subjectif de l'objectif.[3] » C'est parce que l'enfant pourra sortir de l'exemple et parvenir à l'abstraction de l'argument, que l'argumentation aura des chances de se situer sur le plan de « la conviction, qui a un fondement objectif parce que généralisable, dit encore C. Perelman, et non plus de la croyance.[4] »

---

3. C. Perelman, *L'empire rhétorique*, p. 31.
4. *Op. cit.*, p. 48.

Présupposés théoriques

Mais l'argumentation n'a de sens que si elle parvient à la conceptualisation qui est le résultat de ce travail intellectuel rigoureux. Elle est une notion générale qui nous fait sortir du monde des apparences et montre l'efficacité de la pensée.

Avec des enfants, cette étape reste encore très difficile et du moins nous dirons que nous tendons vers une généralisation des notions abordées. Si le concept d'amis peut être progressivement élaboré avec eux, sur la question de la réalité, nous préfèrerons en rester à la distinction être/paraître, premier pas dans l'élaboration conceptuelle de la question de notre connaissance de la réalité. Nous développerons plus loin l'importance de ce travail à partir des distinctions.

L'aventure de la pensée est une aventure de la rigueur et nécessite un effort intellectuel. C'est pourquoi nous pensons que seul un guidage de l'adulte permettra aux enfants de parvenir à quelques résultats significatifs. Le dispositif pédagogique pour lequel nous avons opté (et que nous développerons plus loin) tient compte de l'exigence même de ce que l'acte de philosopher implique.

▶ Le domaine de la philosophie

Si l'atelier mérite le nom de philosophie, c'est aussi parce qu'il s'efforce d'être conforme à son ambition même. En effet, l'objet de la philosophie, et c'est sa difficulté pour bien des gens, est difficilement cernable. Il est partout et nulle part, d'où l'irritation de certains de la voir discuter des domaines qui semblent réservés aux spécialistes comme en sciences, en droit ou encore en esthétique. C'est que la philosophie n'a pas de domaine particulier ou qu'elle les a tous y compris elle-même. Elle s'intéresse à tout car elle trouve un intérêt à toute chose. Cette liberté et cette non-limitation peuvent lui être fatales (on se souviendra de son muselage par la théologie). C'est toute la liberté de l'esprit qui est liée à cette activité. Cantonner la philosophie à un domaine particulier serait trahir son essence. Pour cette raison majeure, l'atelier doit être le lieu où toute question peut être abordée à la condition qu'elle le soit de manière philosophique.

Il nous semblerait donc dommageable et réducteur de l'idée même de philosophie d'entrevoir un atelier qui limiterait *a priori* l'investigation au débat démocratique, par exemple. La philosophie ne considère pas le seul citoyen mais l'homme tout entier. Que la question du citoyen soit convoquée, oui, mais pas seulement ni nécessairement.

La philosophie n'est pas l'instrument de la démocratie. Certes, la philosophie fait son apparition en même temps que la démocratie, mais on ne peut réduire son questionnement à l'espace démocratique. Que devrions-nous dire d'Épicure qui « se désintéresse du politique » ? Qu'il ne fait pas de philosophie ?

Sans doute est-ce en ce lieu et à ce moment de l'histoire des hommes que leurs questions ont pu se poser comme des questions philosophiques, mais celles-ci se situent au cœur d'une autre inquiétude que celle de la vie en collectivité et dont témoignent déjà les mythes [5].

La question philosophique est celle d'un être qui s'éveille et qui s'interroge sur le monde, sur son être, sur son rapport au monde et aux autres... Interrogation qui est une perpétuelle quête de sens animée profondément par une recherche de la vérité. Non pas celle absolue que les hommes croient pouvoir formuler et maîtriser dans les rets du concept. Depuis Kant, nous savons que nous n'y parviendrons pas et que ce n'est qu'une illusion de l'esprit. « Les vérités ne sont pas absolues, elles nous ressemblent beaucoup. Elles n'en restent pas moins des vérités c'est-à-dire plus solides, justifiées et utiles que n'importe quelle croyance qu'on leur oppose [6]. » Mais la recherche de vérité est la passion de l'esprit face aux choses et la volonté de comprendre, c'est-à-dire le souci de produire du sens.

La philosophie est l'inquiétude de l'homme devant l'être. Ce n'est pas le nombre des années ni la culture ou le savoir qui doi-

---

5. Lire à ce propos J.-P. Vernant, *Les origines de la pensée grecque.*
6. F. Savater, *La valeur d'éduquer*, p. 165.

Présupposés théoriques

vent conduire l'homme à poser la question de ce sens. Elle se pose toujours d'emblée. Le danger est plutôt de l'oublier, en créant les conditions où elle n'apparaîtrait plus qui ne sont autres que celles du sens commun ; ou de la fermer par une réponse dogmatique.

L'atelier de philosophie voudrait montrer que la question de l'enfant est déjà à sa source, avec les moyens dont il dispose, une question philosophique, un étonnement. Il voudrait lui permettre aussi de produire cet effort intellectuel nécessaire et fondamental dans cette recherche de sens. L'atelier, par sa pratique, cherche à ne pas laisser tarir cet étonnement, proche parfois de la jubilation devant les choses « dont le sens dépend de notre compétence [7] » nous dit F. Savater. Ce sont les premiers pas de l'être rationnel.

---

7. *Op. cit.*, p. 42.

Deuxième partie

*Un atelier
de philosophie à l'école*

1
Présentation de l'atelier

▶ Objectifs

Un atelier de philosophie ne saurait donc être un simple moment d'expression du sujet affectif et psychologique, ni d'ailleurs, comme on le voit assez souvent, un apprentissage de la citoyenneté à travers des discussions sur le vécu de la classe et des règles qui y sont appliquées. Mais un lieu où il s'agit, avant tout, de donner à l'enfant l'occasion d'exprimer sa pensée qui ne prendra sens qu'à l'instant où elle sera extériorisée, posée devant soi, incarnée. « Je ne savais pas que j'avais tout ça dans la tête ! » remarque avec pertinence un petit garçon de 6 ans.

Comment mener cette réflexion, structurer petit à petit cette pensée qui balbutie ? Le travail de l'atelier amène l'enfant à réfléchir, à questionner son expérience la plus large. S'il est capable d'identifier la source de ses représentations (d'où je sais ce que je sais), il pourra aussi la questionner au-delà de sa dimension affective : ce que je vis est vrai parce que c'est moi qui en fait l'expérience mais en quoi celle-ci peut valoir pour tout autre que moi ?

Ce questionnement est rendu possible par le fait que les différentes sources ne sont pas forcément concordantes, qu'elles peuvent s'affronter et déboucher sur une tension qui risque de renvoyer chacun à son opinion. Il s'agira pour l'enfant de rechercher les raisons pour lesquelles il peut tenir ses représentations pour véritables et les exposer. Quel sera le critère de ces raisons ? Une certaine cohérence du discours (généralisation des exemples, non-contradiction, convergences des raisons, leurs conséquences...) Au niveau de l'élémentaire, avant le cycle 3, il est difficile de parler de réelle argumentation mais du moins de tentatives de formalisation.

Dans cette confrontation, l'enfant testera la validité de son discours. Il est évidemment possible de reconnaître la validité d'une thèse sans pour autant y adhérer, les raisons peuvent être multiples et acceptables. Cependant, si elles sont multiples, ce n'est pas parce qu'il y a plusieurs sujets mais parce que la nature même des questions ne permet pas une seule réponse. La question discutée en CP : « Peut-on savoir ce qu'il y a après la mort ? » a débouché sur la différence entre croire et savoir. On peut croire ou non à des représentations d'un autre monde mais cela n'est pas de l'ordre du savoir (notion de preuve). Le tout est de comprendre de quoi on parle.

Toute la difficulté consiste à éviter l'écueil du relativisme (à chacun sa vérité) comme celui du dogmatisme (une seule thèse à laquelle tout le monde doit se soumettre). Apprendre à formaliser sa pensée, c'est accepter que la « raison » ne puisse trancher d'une façon définitive certaines questions, c'est-à-dire en accepter les limites, sans pour autant tomber dans le domaine de l'irrationnel ou de la pensée magique.

▶ Déroulement

Fréquence

L'atelier a lieu une fois par semaine en alternance pour 2 groupes.

Semaine A : groupe de référence qui participe à l'atelier depuis le CP. Nous l'appellerons groupe témoin. Il concerne 12 enfants et a été formé après une année de pratique avec ma classe de CP en 1997-1998. L'année suivante, une collègue de CE1 accepta de décloisonner[1] avec ma classe afin que je poursuive à titre d'expérience l'atelier de philosophie avec mes anciens élèves alors chez elle. En juin 1999, avec l'accord de l'inspecteur de l'Éducation nationale de la circonscription, il sera décidé de ne plus séparer ce groupe jusqu'au CM2 afin qu'il puisse pratiquer l'atelier durant

---

1. Un décloisonnement consiste à faire un échange de service : pendant que je prends les CE1 en philosophie, ma collègue prend mes élèves de CP en arts plastiques.

tout le cursus élémentaire. Cette perspective donna alors à l'expérience une dimension de recherche.

Semaine B : groupe classe de CP dont j'ai la responsabilité, sauf en 1999-2000 où je prendrai des CM2 pour la première fois dans l'atelier.

Soit un total de 2 séances par mois pour chaque groupe.

Durée

De 20 à 30 minutes environ en cycle 2 et de 30 à 45 minutes en cycle 3 (selon la concentration des enfants).

Organisation et déroulement

• En cycle 2 (CP, CE1) : le travail de l'atelier étant uniquement oral, les enfants sont assis en cercle dans le coin bibliothèque de la classe.

Une séance comprend plusieurs moments : d'abord une lecture d'un texte court par rapport auquel chaque enfant réfléchit intérieurement à ce qui lui pose question. Une fois éclaircies les précisions de vocabulaire ou de compréhension de l'histoire, les questions soulevées par celle-ci sont alors exprimées et le groupe décide d'en traiter une. S'ensuit alors un moment de discussion qui prend fin lorsque je retrace le cheminement réflexif du groupe, ce à quoi les enfants sont parvenus.

• En cycle 3 (CE2, CM1, CM2) : des tables sont installées en cercle dans la classe, ce qui permet de travailler en alternance les phases orales de tour de table et de discussion avec les phases écrites de réflexion personnelle ou à deux.

Les enfants étant plus grands, il devient possible de travailler un thème sur plusieurs séances, généralement trois.

La première est consacrée, à partir du thème choisi par les enfants, à l'élaboration de la question que nous serons amenés à traiter. Pour cela, un temps de réflexion personnelle ou par groupe de deux est nécessaire, durant lequel chacun note les idées, les représentations, les questions qu'ils ont sur le sujet. S'ensuit un tour de table qui permet de prendre conscience des points communs, des différences et des oppositions exprimées dans le groupe.

À partir de là, les enfants recherchent ensemble comment formuler ce qui leur pose problème, la difficulté qui apparaît.

La deuxième séance est consacrée au traitement de la question. Un temps de réflexion personnelle permet à chacun d'exprimer rapidement par écrit ses idées. S'ensuit un tour de table durant lequel une écoute attentive est exigée. La récapitulation de toutes les idées énoncées constitue une première mise en forme des points d'accord et de désaccord et rend possible une discussion où chacun tente d'argumenter son point de vue. Avant de clore la séance, un temps est réservé à l'écriture rapide de ce que chacun a retenu de la discussion.

La séance suivante est consacrée à la structuration des idées discutées : quelle que soit sa forme, l'objectif est de parvenir à une généralisation de la notion travaillée, un premier pas vers la conceptualisation.

▶ Thèmes et supports utilisés

Au cycle 2

Plus les enfants sont jeunes, plus il est difficile de discuter immédiatement sur un thème, d'autant que leurs questions restent très larges. Aussi, est-il préférable de partir d'un récit court avec un contenu assez explicite pour susciter plus facilement des interrogations qui rejoignent les leurs mais mieux ciblées.

C'est ainsi que certains passages des deux premiers romans de M. Lipman : *Elfie* et *Kio et Augustine* [2] m'ont paru intéressants, moyennant quelques adaptations dues au fait que les réalités anglo-saxonne et française ne se recoupent pas forcément.

La forme du roman, avec ses personnages qui se questionnent, comme les enfants de nos classes, permet d'aborder plus facilement des thèmes réputés difficiles tels que la question du savoir, l'existence, la différence entre l'imaginaire et la réalité...

---

2. Romans philosophiques. *Elfie*, Centre de ressources pédagogiques (Moncton) Québec, 1992 ; *Kio et Augustine,* Éditions d'Acadie, Québec, 1992.

Ces textes ont permis dans un premier temps de familiariser les enfants à un type spécifique de questionnement. Cependant, ils ont fait naître d'autres interrogations que nous avons traitées à leur demande.

Voici par exemple une liste de thèmes :
- À partir de textes :
– Peut-on tout savoir ? Qu'est-ce que savoir ?
– Que signifie exister ? (avec la distinction exister pour de vrai ou pour de faux)
– Que signifie être grand ?
– Peut-on être une autre personne ?

- Questions spontanées des enfants :
– Quelle est la différence entre nous et les animaux ?
– Peut-on savoir ce qu'il y a après la mort ?
– À quoi ça sert de nommer ?
– Qu'est-ce qu'un ami ?

On s'aperçoit que les questions sont plutôt d'ordre métaphysique. C'est normal si l'on tient compte de l'âge des enfants. C'est la période des questions visant l'identité : Qui suis-je ? Suis-je toujours moi à travers le temps ?...

Il est à noter que la question concernant le nom est apparue à la suite d'une situation d'apprentissage en classe à propos de la distinction entre nom propre et nom commun.

Au cycle 3

Dès le CE2, ils ont posé des questions plus en rapport avec la connaissance, en particulier la manière de connaître les choses qui nous entourent : comment connaissons-nous la réalité ? Ces interrogations ont aussi rejoint des disciplines scolaires, comme par exemple : « Pourquoi s'intéresse-t-on au passé ? », question qui a émergé lorsqu'ils ont découvert l'histoire comme discipline enseignée. Ou encore : « Qu'est-ce qu'on fait quand on compte ? » reliée directement à l'activité mathématique ; « Les choses sont-elles toujours comme elles le paraissent ? » qui interroge notre rapport au réel ; « Qu'est-ce que le langage ? »

Bien sûr, certains thèmes leur restent particulièrement chers, comme celui de l'amitié ou la question de Dieu : qu'est-ce qu'un dieu, parce qu'on dit qu'il y en a plusieurs ?

À ce stade, les textes sont plus diversifiés et sont tirés, non plus de Lipman mais de la littérature enfantine ou écrits pour l'occasion. C'est ainsi que l'amitié sera approfondie à partir d'un extrait du livre de Saint-Exupéry, *Le Petit Prince* ; ou encore le thème du droit opposé à la force sera traité à partir de la fable de La Fontaine : *Le loup et l'agneau*.

Et en fin de cycle (CM2), les enfants ont proposé de réfléchir à des notions plus complexes mettant en jeu des termes opposés comme le bien/le mal, la vie/la mort ou encore le juste/l'injuste.

Ce qui change entre les cycles 2 et 3, c'est principalement l'attitude des enfants par rapport aux thèmes. Alors que chez les plus jeunes l'important est moins l'aboutissement d'un thème que la discussion elle-même, celle-ci est appréciée chez les plus grands parce qu'elle débouche sur un contenu, soit nouveau soit offrant de nouvelles perspectives. C'est pourquoi leurs questions sont plus ciblées.

2
Analyse d'une pratique réflexive

▶ Le travail philosophique

• *Rapport : expérience-langage-pensée*

Les enfants se trouvent d'abord devant des « lambeaux discontinus d'expérience » selon l'expression de H. Wallon. La conscience qu'ils en possèdent n'est donc constituée que d'une suite de moments juxtaposés les uns aux autres. Mettre en mots cette expérience va les obliger à établir des relations entre ces moments, c'est-à-dire anticiper sur leur compréhension.

Ce travail de la langue et de la pensée leur offre la possibilité de repérer, de classer les différents éléments de leur expérience, de leurs représentations, pour clarifier un réel riche et complexe, lui donner sens car la langue exige en elle-même cette fonction de classement.

Se demander si « j'aime mes parents de la même manière que j'aime les fraises », les amène à approfondir le sens du mot « aimer » en établissant des distinctions, des mises en relation. Cette démarche, parce qu'elle dépasse l'expérience immédiate, constitue un premier pas vers l'abstraction, rendant ainsi possible un travail de construction de la pensée. C'est pourquoi les questions traitées le sont principalement à partir de distinctions, comme par exemple : « Quelle est la différence entre nous et les animaux ? », « Que signifie exister, avec la question : est-ce que j'existe de la même manière qu'un robot ? », « Peut-on être une autre personne ? Quelle est la différence entre être quelqu'un et jouer à être quelqu'un ? »...

La distinction, parce qu'elle met en œuvre l'opposition différence-ressemblance, constitue une structure élémentaire essentielle. Comme le dit H. Wallon « Il n'y a pensée ni langage que s'il y a délimitation entre l'objet imaginé ou proclamé et le reste. La délimitation la plus simple, la plus saisissante est l'opposition. C'est par son contraire qu'une idée se définit d'abord et le plus facilement.[1] »

Cette démarche me semble fondamentale : c'est parce que les enfants établissent plus facilement des distinctions qu'ils peuvent fonder de façon plus pertinente leur argumentation. Et la finalité de l'argumentation philosophique n'est-elle pas de tendre vers un éclaircissement des idées ? « Le couple (la distinction est un couple particulier fondé sur l'opposition) répond lui-même à un besoin de l'esprit pour qui percevoir ou comprendre est un acte. Il organise le confus.[2] »

- ***Structuration de la pensée***

Organiser le confus se fait progressivement. Toutefois, il ne s'agit pas d'effectuer une suite chronologique d'actions, mais différents types d'actions s'effectuent simultanément et s'enrichissent mutuellement.

Mise à jour d'un problème ou formulation concrète de la pensée

Il s'agit d'abord d'aider les enfants à comprendre les questions qu'ils se posent. Celles-ci sont souvent mal formulées et il est impossible de les aborder en l'état.

Un premier travail d'éclaircissement est nécessaire durant lequel ils réfléchissent à la question elle-même : Qu'est-ce que je veux savoir exactement ? Formulée ainsi, quels renseignements me donne-t-elle déjà ? Quels mots semblent importants ou s'opposent ? Quelles nouvelles difficultés apparaissent ? ...

Toute interrogation est complexe, certaines plus que d'autres, et cet effort pour en dégager un sens permet déjà d'en entrevoir les enjeux (généralement insoupçonnés) : ce qu'elle présuppose, ce

---

1. H. Wallon, *Les origines de la pensée chez l'enfant*, p. 67.
2. *Ibid.*, p. 75.

qu'elle signifie, ce qu'elle implique. Dès lors, il devient possible de formuler une question faisant apparaître un problème d'ordre plus général. Ainsi est évité l'écueil de tout mélanger et de tomber dans le travers d'une conversation tous azimuts.

Exemples :

– La question posée en CP : « C'est vrai que quand on est mort, on va au paradis ? », ne peut être appréhendée telle quelle. Sa formulation fait état d'une réponse dont on interroge la véracité : y a-t-il d'autres réponses possibles ? Si oui, lesquelles ? Comment s'assurer que l'une est vraie plutôt qu'une autre ? Ces réponses relèvent-elles du savoir ? Si oui, comment savoir ? Après discussion avec le groupe, la question est devenue : « Peut-on savoir ce qu'il y a après la mort ? » (elle a abouti à la distinction entre *croire* et *savoir*).

– La question : « Quelle est la différence entre nous et les animaux ? » dépasse les simples observations physiques facilement repérables par les enfants. Il sera intéressant de réfléchir à des différences plus fondamentales et moins visibles : à travers les manières de vivre, de se comporter, de communiquer... Bref, d'entrevoir ce qui est proprement humain.

– Que signifie la question : « Est-ce que j'existe de la même manière qu'un robot ? » Les enfants associent souvent le fait d'exister et d'être réel. Ceci dit, ils savent expliquer aussi à propos d'un personnage de fiction : « Il n'existe pas pour de vrai ». Ils ont l'intuition que le terme « exister » recouvre autre chose que le simple fait d'être réel : le personnage de Batman existe, dans sa réalité matérielle, j'en possède le robot, mais il existe pour de faux. Travailler cette distinction : exister pour de vrai, pour de faux, les amène à repérer, classer ce qui est de l'ordre du vivant et du non vivant, ce qui est de l'ordre du réel et de l'imaginaire.

– Se demander au CE 2 : « Peut-on être une autre personne ? » recouvre deux sens : d'une part, jusqu'où puis-je jouer à être une autre personne ? Il s'agit là de la différence entre l'imaginaire et la réalité ; et, d'autre part, de l'interrogation de la permanence de son identité à travers le temps : puis-je changer et être toujours moi ? Les enfants sont questionnés par le fait d'être aujourd'hui ce qu'ils ont conscience d'être, tout en ayant été autrefois ce bébé « sans cheveux ni dents » dont ils regardent la photo en se demandant si c'est vraiment eux. Comme ils ont du mal à se projeter dans le futur d'un « Quand je serai grand », car lorsqu'ils seront grands, n'est-ce pas s'imaginer en quelqu'un d'autre, celui qu'ils rêvent d'être et qu'ils ne sont pas encore.

– La question posée par des CM1 « Qui a inventé le langage ? » s'est, au fil d'une séance, affinée et la question de l'origine est apparue moins importante que de comprendre :

• la signification des termes comme langage-langue : peut-on les employer indifféremment l'un pour l'autre ?

• pourquoi l'objet *table* se nomme ainsi et pas nuage, par exemple ?

• est-ce que les animaux « parlent » comme nous ? (Il y a bien différentes langues pour les hommes, pourquoi n'y en aurait-il pas pour les animaux ?).

Comprendre, c'est déjà définir

Une fois la question formulée plus précisément, il semble nécessaire d'en comprendre les termes, de les définir pour pouvoir ensuite en discuter les enjeux.

Or, tenter de définir des termes aussi abstraits que « langue / aimer / histoire / penser / bien... » est une entreprise très difficile pour des enfants de 6 à 11 ans. Pourtant, il ne peut y avoir de connaissance sans définition, celle-ci étant « la condition nécessaire à l'établissement ou à la découverte de relations définies et stables[3] » nous précise H. Wallon. Définir, comme l'a montré Aristote, c'est à la fois comprendre, c'est-à-dire classer après avoir effectué des comparaisons (différences-ressemblances) mais aussi étendre à un domaine d'application.

Toute la difficulté va être, à partir de l'expérience variée des enfants, de distinguer ce qui relève de l'expérience purement singulière de celle qui est commune à tous. Ce travail de classement est un pas important vers un possible accès à la définition.

Exemple 1 :

Voici l'extrait d'un script d'une séance avec des CP dont l'objet est de comprendre le sens du mot « penser » à partir du texte d'*Elfie,* chapitres II et V (O : enfants / → enseignante).

---

3. H. Wallon, *ibid.,* p. 401.

Analyse d'une pratique réflexive

O : Sinon elle (Elfie) pense dans sa tête à l'animal qu'elle pourrait avoir. (Anissa)

→ : Tu utilises un mot important : elle pense dans sa tête. Que signifie penser ?

O : C'est comme si elle réfléchit, elle repense à ce qu'elle a fait. (Marion)

→ : Penser c'est réfléchir à partir de ce qu'elle a fait, c'est à dire à partir de la réalité.

O : C'est pareil quand tu nous dis : penser... (Anissa)

O : ...penser à une chose. (Lucas)

→ : Que faites-vous quand vous pensez ?
(silence...) Marion a dit : c'est réfléchir. Est-ce que penser signifie uniquement réfléchir ?

O : On pense dans sa tête les mots. (Lucas)

O : Quand tu dis : penser dans la tête aux mots qui commencent par [ã]. (Anissa)

→ : Nous sommes toujours dans réfléchir.

O : Des fois, ça veut dire aussi quand tu dors, tu peux penser à un moment où tu t'es bien amusée. (Marion)

O : Tu rêves. (Loury)

O : On pense toujours ! (Lucas)

O : Non pas toujours !... Parce que, moi, des fois, je crois que dès que je me couche, je me relève. (Clément)

O : Moi aussi, je crois que je m'endors et je me réveille tout de suite. (Thomas)

→ : Il y a une difficulté.

O : Mon papa il me dit : on rêve toujours et des fois on s'en rappelle plus. (Loury)

→ : C'est une explication que tu peux donner à Clément et à Thomas. Nous cherchons une définition de penser : c'est réfléchir. C'est aussi rêver, quand nous rêvons...

O : On pense. (Thomas)

→ : Mais pense-t-on de la même manière que lorsque nous sommes éveillés ?

O : Non, quand on réfléchit, c'est quand on cherche quelque chose, par exemple un mot. (Anissa)

→ : Donc quand nous réfléchissons, c'est nous qui décidons de chercher.

O : Et quand on rêve, c'est pas nous qui décidons. (Thomas)

O : C'est notre cerveau. (Lucas)

→ : Ça se fait même si on n'a pas envie.

O : Les bébés est-ce qu'ils rêvent ? (Anissa)

O : Ben oui ! (Lucas)

O : Parfois ils peuvent se réveiller la nuit parce qu'ils ont fait un cauchemar. (Loury)

O : Comme ma cousine, elle fait des cauchemars. (Thomas)

→ : Thomas donne un exemple. Nous continuons toujours : penser, c'est réfléchir et c'est rêver indépendamment de notre volonté.

O : Tu as dit qu'on parlerait du Père Noël ! (Thomas)

→ : Est-ce le thème d'aujourd'hui ? ...

O : Quand Thomas il a dit qu'on parlerait du Père Noël, là, il a pensé. (Lucas)

→ : Oui, c'est un exemple. Dans l'action que vient de faire Thomas que signifie penser ?

O : Se rappeler. (Clément)

→ : Nous avons déjà trois sens du mot penser :
  – réfléchir ;
  – se rappeler, penser à quelque chose ;
  – rêver indépendamment de notre volonté.

Pour ces enfants, « penser » est un terme fréquemment utilisé par leur entourage immédiat (famille, école). Il a pourtant une signification assez floue : c'est tout ce qui se passe dans la tête. Cette séance sera pour eux l'occasion de prendre conscience que « penser » recouvre des actes abstraits, « qui se passent dans la tête » certes, mais différents.

Exemple 2

– Voici un extrait d'une séance en CE2 à propos de la question d'un enfant : « À quoi ça sert d'apprendre l'histoire ? » question reformulée avec le groupe : Pourquoi s'intéresser au passé ? (O : enfants / → : enseignante).

O : Moi, je m'intéresse au passé, parce qu'on peut pas savoir ce qui s'est passé avant, donc on l'apprend. (Agathe)

Analyse d'une pratique réflexive

O : Parce que ça parle des soldats et tout, et comment on faisait les habits, heu, les animaux d'avant. (Bastien)

O : Comme ça on sait plus de choses. (Cyril)

→ Est-ce que c'est important de savoir plus de choses ?

O : *(Elle lève le doigt bien avant la question)* Mais moi, je voulais pas répondre à cette question, mais ça peut évoluer, par exemple le mammouth, il est devenu un éléphant. Parce que ça a évolué, les hommes ont évolué, les animaux ont évolué, le climat a changé et la terre, il y a les continents qui se sont déplacés. (Camille)

O : C'est bien d'apprendre des choses, parce que, peut-être qu'avant on savait pas tout ça, et puis maintenant on le sait parce qu'on l'a appris. (Nassiba)

→ S'intéresser au passé, ça nous apprend, vous avez utilisé le verbe « connaître », ça nous fait connaître « ce qui était avant ».

O : En fait le passé, ça nous fait un peu rêver de penser aux chevaliers, au cheval. Comment ils..., par exemple, nous, on roule dans des voitures, ben eux ils avaient des charrettes avec des chevaux, ils faisaient pas les mêmes choses que nous, et ça peut nous faire rêver le passé. (Camille)

→ D'accord. Donc, « pourquoi s'intéresse-t-on au passé ? » :
  – pour connaître
  – pour rêver aussi : ça peut nous faire rêver.

Est-ce que vous êtes d'accord avec ce que dit Camille ?

O : Moi, je voudrais dire autre chose. Parce qu'avant il y avait des choses qu'on ne peut pas guérir. Par exemple les maladies. Il y a des choses qui ne me plaisent pas avant. (Bastien)

→ Quand tu dis « il y a des choses qui me plaisent pas », ça ne te fait pas rêver, tu émets un jugement... tu compares avec aujourd'hui.

O : C'est bien de comparer parce qu'en médecine ils avaient pas les mêmes manières de..., de soigner parce que des fois ils pouvaient mourir d'une angine, ben, maintenant bon, on peut avoir des maladies, une grippe, un rhume, on peut quand même se guérir. On a évolué en maladie. Il y a des tas de médicaments qui peuvent nous guérir. (Camille)

O : On peut s'intéresser parce que c'est nos ancêtres, ils étaient un peu comme nous. Et puis donc, en plus ça nous apprend parce que par exemple, pour pêcher ils prenaient le harpon, et pour nous maintenant ça a changé, ça nous a appris à pêcher, on a évolué et ça a fait une canne à pêche. (Nathalie)

→ Vous ne dites pas les mêmes choses. Camille et Bastien parlent de rêver ou pas et comparent, et toi tu reprend : « Qu'est-ce que ça nous fait de connaître ? », ça nous montre l'évolution. Une fois qu'on connaît l'évolution, on peut comparer. D'accord ?

O : Parce qu'avant les hommes préhistoriques, ils étaient pas comme nous, ça a changé. Maintenant on tue plus les mammouths comme ils faisaient, ils n'existent plus, et les mammouths sont devenus des éléphants, et puis on les tue plus maintenant. (Ismahane)

O : C'est pas pareil avant et maintenant, parce que, c'est vrai, avant y avait des mammouths, et y avait plein, y avait des animaux, mais aujourd'hui, c'est pas pareil. (Nassiba)

O : C'est que les hommes préhistoriques et les hommes du Moyen Âge, eh ben ça m'intéresse parce que, eh ben les hommes préhistoriques ils ressemblaient à des singes, ce sont nos ancêtres, et la manière comment ils chassaient et comment ils mangeaient ça m'intéresse. Et au Moyen Âge la guerre, et les habitants, comment ils vivaient, ça aussi ça m'intéresse. (Bastien)

→ On peut s'intéresser au passé pour rêver mais aussi par intérêt pur, par plaisir.

O : Parce qu'on apprend aussi. (Cyril)

→ D'accord. Donc, « pourquoi s'intéresse-t-on au passé ? » :
  – pour apprendre, pour connaître ce qui était avant et comparer la manière dont on vivait avant et dont on vit aujourd'hui ;
  – pour rêver, ça peut faire rêver ;
  – par plaisir simplement parce que ça nous intéresse.

O : Ils ont changé, ils ont utilisé des choses qui étaient, par exemple y avaient des silex et puis nous on a changé parce que maintenant on n'utilise plus ces moyens. Et par exemple ce qui a été une grande découverte, c'est du feu qui peut nous aider aussi. Maintenant on se sert du feu mais pas de la même manière qu'avant. (Nathalie)

Analyse d'une pratique réflexive

O : Pourquoi ça nous aide ? (Camille)

→ Alors qui veut répondre à cette question : « Pourquoi ça nous aide ? » ?

O : Ça nous aide pour connaître ceux qui vivaient avant, les hommes, les mammifères, et même les poissons tout ça. (Bastien)

→ Donc, toi tu retiens : « Ça nous aide à connaître ».

O : C'est des histoires qui sont vraies alors que la science-fiction, c'est ce qu'on invente. (Cyril)

→ Oui, là tu fais une distinction. S'intéresser au passé, le passé c'est une histoire vraie, c'est pas une histoire inventée, ça c'est une distinction.

O : Aussi, l'histoire, c'est l'histoire d'avant. (Bénédicte)

→ Donc, c'est une histoire qui est passée et qui est vraie.

O : L'histoire, ça parle de nos ancêtres, comment ils vivaient. (Nathalie)

→ C'est l'histoire passée des hommes.

O : Aussi, le fait qu'on ait pas tous ces moyens encore ici, parce que s'il y avait pas eu l'histoire des hommes préhistoriques, parce qu'ils ont fait, ils ont inventé plein de choses : le feu, les outils pour la chasse, peut-être... (Nathalie)

→ D'accord. Alors toi, ce que tu veux dire c'est que s'intéresser au passé c'est peut-être comprendre ce que l'on est aujourd'hui : on vit grâce à tout ce qui s'est passé avant.

O : On s'intéresse à l'histoire parce que ça a duré plus que notre temps, et nous on est en 2000, donc, tandis que l'histoire ça fait plusieurs millions d'années et on s'intéresse à l'histoire parce que ça a duré beaucoup plus longtemps que nous. Et nos ancêtres, eh ben, ils peuvent avoir des choses, qu'on a découvertes aujourd'hui. Grâce à eux on est comme ça, enfin, on a évolué ... (Camille)

Comprendre pourquoi on s'intéresse au passé offre la possibilité aux enfants de cerner le domaine d'application de l'histoire et d'en ébaucher une définition : l'histoire passée des hommes. Peut-être pourront-ils entrevoir à leur niveau ce qui est en jeu dans cet apprentissage : apprendre l'histoire à l'école peut nous aider à comprendre le monde dans lequel nous vivons et que notre temps, bien qu'étant une infime partie de l'histoire de l'humanité, s'inscrit dans cette continuité. À travers cette question, ils donnent sens au savoir qui leur est dispensé.

Définir, c'est expliquer, c'est-à-dire déjà argumenter

Tenter une définition, dire comment tel mot est compris, ce que recouvre telle réalité exige de l'enfant une explication cohérente. Celle-ci constitue une argumentation. Comme nous l'explique G. Vignaux : « Le discours va agir sur ces significations en leur affectant d'autres significations. C'est là que réside son sens : produire d'autres significations. C'est là qu'interviennent les jeux des arguments ; jeux au sens de placement, déplacement, déconstruction, construction de significations [4] ». Et chercher des arguments recevables, c'est-à-dire faisant preuve d'une certaine logique, c'est tendre vers une certaine généralisation au sens où les autres pourront admettre comme « vraisemblables » ces nouvelles significations.

À leur niveau, les enfants tentent principalement une argumentation par l'exemple. Elle est à leur portée puisqu'elle fait appel directement à leur expérience. C'est une façon de la comprendre, l'organiser, lui donner sens. « À ce point de vue, nous dit C. Perelman, l'argumentation par l'exemple se refuse à considérer ce qui est évoqué comme étant unique, lié d'une façon indissoluble au contexte dans lequel il s'est produit. C'est, au contraire, rechercher, à partir du cas particulier, la loi ou la structure qu'il révèle.[5] »

Mais un autre type d'argument apparaît, surtout lorsque les enfants sont confrontés aux problèmes que pose le langage ou une tradition communément admise concernant une interprétation du réel, ce sont les arguments par dissociation.

Ce type d'argument est essentiel car il s'appuie sur une démarche d'analyse, de comparaison dont on a souligné l'importance. D'ailleurs Perelman nous rappelle que « la technique argumentative qui a recours aux dissociations est fondamentale dans toute réflexion qui, cherchant à résoudre une difficulté que lui pose la pensée commune, se voit obligée de dissocier les uns des autres

---

4. G. Vignaux, *L'argumentation*, p 53.
5. C. Perelman, *ibid.*, p. 119, 67.

Analyse d'une pratique réflexive

des éléments du réel pour aboutir à une nouvelle organisation du donné. »

Quand en CM1, les enfants sont amenés à se demander si les animaux « parlent », c'est parce qu'ils baignent dans un contexte anthropomorphique concernant l'animal domestique. Combien de fois ont-ils entendu : « Mon chien, il ne lui manque plus que la parole ! Il veut nous dire que... » Il va donc leur falloir trouver d'autres arguments que les exemples pour être convaincants.

Exemple : Extrait du script de CM1 à propos de la question : « Les animaux ont-ils une langue ou un langage ? »

O : En fait, le langage, c'est pas pareil : avec la langue, c'est un peu... Les animaux ont chacun leur langage, les perroquets, ils vont pas faire des sons comme les singes. Et la langue, c'est ce qu'on dit et c'est tous les mots qu'on a. (Camille)

O : Ici, on se comprend tous parce qu'on a tous la même langue. Mais, par exemple, les Italiens, ils vont pas nous comprendre parce qu'ils n'ont pas la même langue que nous. On a chacun notre langue et les animaux utilisent aussi une langue différente. (Bénédicte)

→ Toi, tu mettrais les animaux et les êtres humains sur le même plan au niveau de la langue.

O : Mais les Italiens s'ils apprennent la langue française, ils vont te comprendre. (Nassiba)

→ Est-ce qu'un lion peut apprendre le langage du perroquet ?

O : Il peut pas apprendre parce qu'ils réfléchissent moins que nous. (Cora)

O : C'est naturel, en fait. Le perroquet, il peut pas faire le bruit du lion, comme nous on peut pas le faire. Le perroquet, c'est naturel son cri, et le lion aussi il a un cri naturel. (Camille)

O : Ce qu'il y a, c'est que la différence entre les humains et les animaux, c'est que nous on réfléchit, on peut comprendre pour apprendre l'italien, par exemple on va réfléchir, on va comprendre ce qu'ils essaient de nous dire. Tandis que les animaux, ils vont pas réfléchir, ils vont faire leur langage à eux, ils vont pas essayer de faire comme les autres. (Nathalie)

→ Toi, tu reprendrais la distinction faite par Ismahane.

O : Peut-être les humains peuvent apprendre les langues des animaux. S'ils le voulaient, les humains pourraient apprendre et les animaux aussi. (Pauline)

O : Ben voilà, c'est ça, qu'est-ce que t'en sais que les animaux ils peuvent pas apprendre ? (Nassiba)

→ Est-ce qu'un animal a déjà appris le langage humain ?

O : Par exemple, le perroquet, pourquoi il peut pas apprendre le langage des lions, parce que le lion est déjà plus gros et il a des cordes vocales beaucoup plus fortes que celles du perroquet. (Ismahane)

→ Est-ce simplement une impossibilité physique ?

O : Parce qu'ils ne réfléchissent pas à apprendre, ils ne cherchent pas à apprendre. (Cora)

O : Mais eux, ça ne leur servirait à rien d'apprendre le langage des autres. Tandis que nous, si on va dans un autre pays, ça pourrait nous servir. (Nathalie)

Ce travail de comparaison, les obligent à affiner leur argumentation, ce qui au final influe sur les définitions ébauchées lors de la séance précédente à propos des termes *langue* et *langage*.

On entrevoit combien cette tentative d'organisation du confus est loin d'être évidente, spontanée. C'est pourquoi, la mise en place d'une telle pratique philosophique suppose une certaine conception du rôle de l'enseignant.

▶ Le rôle de l'enseignant

Jusqu'où les enfants sont-ils capables de penser seuls ? Les difficultés qu'ils rencontrent sont nombreuses : dépasser leur expérience, leur opinion pour prendre en compte celles des autres ; penser ensemble et non côte à côte ou en opposition systématique, ce qui a pour effet de paralyser toute réflexion ; généraliser ce qui se dit pour construire une approche plus rationnelle des thèmes abordés...

Comment leur permettre d'être dans une attitude réflexive, c'est-à-dire prêts à mettre en débat ce qu'ils avancent ?

Les Instructions officielles concernant les nouveaux programmes de 2002 nous indiquent : « Dans la mesure où la principale difficulté

Analyse d'une pratique réflexive

réside dans la capacité de tenir compte de l'échange en cours pour faire avancer la réflexion collective, c'est dans cette perspective que le maître doit être particulièrement attentif à guider le groupe. » Ainsi l'enseignant est là pour guider les enfants dans leur réflexion et non pour donner son avis ou ses arguments.

Mais que signifie guider ? On peut s'étonner de l'idée même d'un guidage et rêver une séance dans laquelle les enfants discuteraient, échangeraient spontanément, débarrassés de toute intervention de l'enseignant. Celle-ci ne risque-t-elle pas d'infléchir dans un sens ou dans un autre leurs questions ? D'inciter le développement de telle idée plutôt que telle autre ? D'orienter l'échange ? Bref, quel besoin d'un apport implicite ou explicite de l'adulte par lequel la liberté de la pensée de l'enfant serait limitée et pourrait perdre de sa naïveté, de sa spontanéité ?

Disons-le franchement, nous n'avons pas peur de ces effets et ne sommes pas sûrs qu'ils soient tous regrettables. Ce que nous redoutons avant tout, c'est que la séance, laissée entièrement libre, soit tirée à « hue et à dia » dans une généreuse spontanéité. Les enfants en tireront d'abord quelques plaisirs mais très vite, celui-ci risque de tarir et désamorcer tout intérêt pour la réflexion. Comment éviter alors qu'ils n'aient le sentiment que tout est possible en philosophie, que tout est dans tout, que rien ne se passe vraiment ou que tout passe simplement ?

Si, sur le plan psychologique et pour le plaisir immédiat de l'expression, de telles séances peuvent encore garder quelque intérêt, sur le plan de la pensée, elles sont sans doute regrettables et finalement vaines. La discussion philosophique, si elle veut prétendre encore à ce caractère de philosophique, ne peut se ramener à une simple discussion spontanée. Il y a bien sûr du plaisir à la conversation. On peut même avoir l'impression qu'elle épouse la vie de la pensée : les idées s'appellent l'une l'autre, elle va son cours, elle a son débit, sa fluidité. Source de plaisir, d'inventivité, elle reste en un sens efficace, mais devant les véritables difficultés, elle bouillonne et passe vite en contournant, avançant vers d'autres horizons. Dans son caractère débridé, la conversation est comme une caméra trop rapidement baladée sur un paysage où le plaisir de la découverte semble particulièrement attisé mais où rien n'est véritablement vu, où tout est simplement aperçu. Il ne s'agit pas d'endiguer son cours, ni de figer cette vie des idées mais de la canaliser et de faire en sorte que le plaisir qu'elle procure ouvre aussi sur un paysage qu'on découvre.

Un acte de philosophie est un itinéraire intellectuel, un progrès de la pensée dont certains ont voulu, comme Descartes [6], montrer qu'il y a un ordre, une méthode (*hodos* en grec signifie chemin). À la métaphore du cours bouillonnant et trop rapide de la conversation, nous préférons celui du chemin, du cheminement, des sentiers que l'on suit ou qu'on inaugure par quelques dégagements.

Il ne s'agit donc pas de se passer de cette dynamique, de l'effet inventif qu'elle peut toujours receler. Guider sera, dans cette généreuse aventure de la pensée dans les mots, de parvenir à tracer un itinéraire, un chemin que l'on peut ressaisir d'un seul coup d'œil, sur lequel on peut avoir une bonne perception et dont certaines étapes font l'objet d'une attention particulière. Guider permettra d'éviter la dérive des idées en les balisant, c'est-à-dire en les repérant. Lorsque des enfants de CM1 se demandent si la communication animale est différente de celle des hommes et en quoi, guider sera alors pouvoir, avec le groupe, marquer ces différences et parvenir à une distinction par laquelle nous pourrons différencier un code d'une langue.

Parvenir à ce résultat, c'est poser quelques « petits cailloux blancs » dans le travail de la langue pour retrouver son chemin, pour s'y retrouver et non avoir l'impression d'être allé dans tous les sens. Si la discussion est essentielle à ce cheminement, la finalité de la séance demeure la pensée, au mieux le concept, au moins quelques distinctions éclairantes.

Cependant, l'idée même de guidage soulève encore quelques interrogations : ne fait-il pas intervenir des objectifs précis ? N'y a-t-il pas un risque de décider par avance ce que les enfants vont être amenés à distinguer ? Ne suppose-t-il pas un programme pour l'atelier de philosophie ?

On pourrait comprendre l'idée de guidage à partir d'un programme, le guide devant savoir où l'on va, devant connaître l'itinéraire, le but. Il semble qu'un programme ne soit pas souhaitable

---

6. Cf. Descartes, *Discours de la méthode*.

au niveau de l'atelier, sans doute le sera-t-il plus tard en terminale, par exemple.

Certes, le guidage s'effectue dans le vif de la discussion. C'est par là un acte subjectif qui n'est pas à l'abri d'imprécisions, d'erreurs d'appréciation, comme tout acte pédagogique d'ailleurs. Mais subjectif ne signifie pas arbitraire au sens où l'enseignant déciderait de ce qui serait valide en fonction d'un contenu déterminé à l'avance et par rapport auquel il s'agirait d'orienter la discussion. Toute la difficulté consistera, non pas à amener chaque groupe à un point donné, mais de le mener à un point qu'il peut se donner, qu'il est prêt à se donner, en respectant ce qu'il est et les distinctions qu'il est à même de faire. Le seul objectif du guidage doit être d'amener le groupe à tracer son propre itinéraire en l'aidant à le baliser, c'est-à-dire en le rendant perceptible grâce à des repères qui apparaîtront comme des résultats. Personne ne peut prédire sur quoi débouchera la discussion, c'est ce qui fait à la fois sa difficulté mais aussi sa valeur.

Pas de programme, pas d'objet notionnel précis mais la perception d'une activité réalisée avec toute la liberté qu'une telle entreprise suppose. Il faut que l'enseignant s'attende à tout ce que cette liberté rend possible : bien des déceptions peut-être, on aurait aimé aller beaucoup plus loin, beaucoup plus vite, des fermetures inattendues, des perspectives à peine ébauchées et pourtant prometteuses et qu'on est cependant tenu d'abandonner en se demandant si elles se présenteront encore ; mais aussi beaucoup de joie, de surprise, d'ouvertures réalisées, d'avancées que l'on n'avait pas cru possibles. C'est le travail de la pensée qui nous fait vivre ces moments de pesanteur des préjugés les plus communs, comme ces heureux moments de progrès. L'atelier de philosophie est l'espace d'une expérience qui en ce sens est libre.

Une telle attitude peut dérouter les enseignants : n'est-on pas plus serein quand on sait exactement ce qu'on va faire ? Quand on peut s'y préparer ? Est-ce à dire que l'atelier ne présuppose aucune préparation de l'adulte ?

Sans doute pas. Comme on ne saurait admettre qu'un enseignant puisse exercer quelques disciplines que ce soit sans les avoir lui-même pratiquées dans sa formation, on ne saurait penser que le maître s'aventure ici sans avoir lui-même réfléchi aux notions rencontrées au fil des interrogations des enfants. L'expérience de la philosophie en classe de terminale devrait ici pouvoir être le fond culturel nécessaire et suffisant pour permettre de réaliser ce guidage. Mais sans doute, à partir des questions soulevées par les enfants, l'enseignant devrait-il lui-même relire, penser à quelques textes fondamentaux, en tout cas bien utiles sur certaines questions pour lesquelles les philosophes nous font mieux penser, penser plus efficacement. Ainsi, par exemple, sur la question du langage, thème régulièrement demandé par les enfants, lorsque ceux-ci en viennent à confronter langage humain et langage animal, peut-être aura-t-il relu ou découvert les différents arguments que donne Descartes à propos des animaux [7], ou ceux de Bergson dans *L'Évolution créatrice* [8] ? Peut-être les aura-t-il en mémoire durant les séances ? Il sera alors plus à même de comprendre que si les enfants retrouvent des distinctions intéressantes entre la communication animale et humaine, ils ne sauraient les retrouver toutes, et l'argument qui irait jusqu'à comprendre la deuxième articulation du langage (phonèmes) ne peut bien évidemment être abordée en classe. On ne saurait concevoir l'atelier de philosophie comme une leçon. Mais sans doute, ce fond culturel est-il souhaitable, exigible, non pas pour l'aborder en classe mais pour mieux aborder ce qui se dit dans l'atelier, pour être à même de mieux repérer ce dont les enfants ont l'intuition et tentent souvent maladroitement de formuler. Ainsi l'enseignant sera-t-il plus capable de les aider, de les guider pour qu'ils puissent aller le plus loin possible dans leur effort de penser.

• *Le guidage*

Il s'agit principalement de recentrer les enfants sur le thème, de relancer la discussion lorsqu'ils sont enfermés dans les exemples et ne savent plus comment en sortir, de pointer une contradiction, de renvoyer une question... En fait, ce travail s'articule autour de 2 axes : la reformulation et la structuration des idées.

---

[7]. R. Descartes, *ibid.*, « Lettre au Marquis de Newcastle (23 nov. 1646) », p. 1254 à 1257.

[8]. H. Bergson, *L'évolution créatrice,* p. 158 à 162.

La reformulation

Reformuler, c'est mettre en évidence des éléments exploitables qui feront progresser la discussion. Une reformulation peut se faire de diverses manières. Elle peut consister simplement à redire une idée émise par les enfants en utilisant un vocabulaire plus précis, voire même un mot nouveau (qu'ils pourront s'approprier et réinvestir à un autre moment) ; ou profiter de l'opportunité pour introduire un nouvel élément qui relancera la recherche ; ou alors poser une question qui appelle un développement des arguments ; ou encore pointer ici une contradiction, là une impasse...

Exemple 1 :

Reprenons des extraits du script de CP sur ce que signifie « penser ».

O : C'est comme si elle réfléchit, elle repense ce qu'elle a fait. (Marion)

→ : Penser, c'est réfléchir à partir de ce qu'elle a fait, c'est-à-dire à partir de la réalité.

O : Non, quand on réfléchit, c'est quand on cherche quelque chose, par exemple un mot. (Anissa)

→ : Donc, quand nous réfléchissons, c'est nous qui décidons de chercher.

O : Et quand on rêve, c'est pas nous qui décidons. (Thomas)

O : C'est notre cerveau. (Lucas)

→ : Ça se fait même si on n'a pas envie.

(et plus loin...)

→ : Penser, c'est réfléchir et c'est rêver indépendamment de notre volonté.

Pointer cette première distinction amènera les enfants à approfondir le terme « rêver » : rêver éveillé ne recouvre pas le même sens que rêver endormi. L'un peut être volontaire mais se cantonne à l'imaginaire (être dans la lune) et l'autre reste involontaire. Par là, ils prendront conscience que « penser » peut recouvrir trois sens différents.

Exemple 2 :

En CP, à propos du thème « aime » (est-ce que j'aime mes parents de la même manière que j'aime les fraises ?)

O : J'aime le chien parce que c'est doux, il est gentil et j'aime les fraises, parce que c'est bon. (Salomé)

O : On n'aime pas pareil parce qu'un chien, ça se caresse et qu'une fraise, ça se mange. (Bastien)

O : Le chien, c'est un animal, on peut pas le manger. (Pauline)

O : Si parce qu'en Chine, ils mangent les chiens. (Camille)

O : Une fraise, on l'aime avec le goût, un chien, ça a pas de goût. (Cyril)

O : Oui, c'est un animal, pas un aliment. (Agathe)

→ : Un aliment on l'aime pour son goût. Est-ce que quand je dis à papa ou à maman : « Je t'aime », c'est parce que je l'ai goûté ?

Question qui obligera les enfants à préciser leur pensée pour distinguer les différentes façons d'aimer selon que c'est un être vivant (personne, animal domestique) ou un aliment comestible. L'affinement des arguments permettra la distinction : aimer avec son cœur (sentiment) et aimer avec le goût (sensation).

Exemple 3 :

En CE2, à propos de la question : « Qu'est-ce qu'on fait quand on compte ? »

O : Si je dis : « La porte », je veux essayer de dire que c'est une porte et que... pas de représenter l'objet mais de le décrire un peu. (Camille)

→ : Donc le nombre, ça décrirait l'objet ?

O : Non, pas décrire... (Camille)

O : Un, ça représente un. (Annabelle)

O : Le code représente combien y a d'objets. (Agathe)

→ : Alors, ces objets, qu'est-ce que c'est ?

O : Des portes, des chaises... (Cora)

O : Moi, je dis que les chiffres, ça sert à remplacer « des », parce que « des », c'est pas précis, on peut pas savoir combien y en a : des ou les. (Agathe)

O : Moi, je reviens à ce qu'a dit Nassiba, c'est qu'en fait, les chiffres, ça ne sert pas qu'aux choses, mais ça peut servir aux êtres vivants. On peut dire : « Il y a 26 élèves ». (Ismahane)

→ : Donc les nombres ne représentent pas que les objets mais aussi les êtres humains. Qu'est-ce qu'on compte finalement ?
O : N'importe quoi. (Bénédicte)
O : On ne peut pas compter les étoiles parce qu'il y en a tellement... Mais il y a des choses qu'on ne peut pas compter : le rouge, non. (Bastien)
O : Quelle est la différence entre n'importe quoi et un nombre ? (Bénédicte)
O : N'importe quoi c'est un mot, mais 5 c'est un chiffre. (Amine)
O : Cinq c'est un mot aussi, on peut le prononcer ! (Camille)
O : Voilà, mais 5 on peut le compter. (Amine)
→ : N'importe quoi, peut-on le compter ?
O : N'importe quoi, ça peut être une chaise, un rideau, une table... (Nathalie)
→ : Donc n'importe quoi ça serait sans distinction.

À partir de là, les enfants prennent conscience qu'il est nécessaire de constituer des ensembles, d'opérer des distinctions entre les différents éléments que l'on veut compter.

L'importance de la reformulation permet de recentrer l'attention sur l'objet de la recherche et oblige les enfants à ne pas se contenter de réponses approximatives mais à approfondir leur pensée, à la développer, ce qui a pour effet parfois de les mettre face à des contradictions insoupçonnées.

La structuration des idées

Elle est différente selon qu'elle se situe au cours ou à la fin de la discussion.

• *Au cours de la discussion* : elle offre la possibilité de faire le point sur les idées émises.

Au cycle 2 : elle consiste à donner sens aux exemples (souvent juxtaposés) en les généralisant.

Exemple : En CE1, à propos de la différence entre le rêve et la réalité. (Extrait : « Que fait-on quand on rêve ? »)

O : Moi, un jour, j'ai rêvé et j'avais les yeux ouverts. On peut être dans les nuages. (Anissa)

O : Quand tu rêves éveillé, tu vois des trucs dans ta chambre. Quand tu es endormi, tu vois dans ton imagination. (Marion)

O : Aussi, quand on a les yeux fermés, quand on est endormi, on voit mieux les choses qu'on pense. (Lucas)

O : Aussi, dans ton imagination, tu peux pas jouer. (Thomas)

O : On regarde dans notre tête. (Clément)

O : Personne peut voir, parce que quand je fais un rêve, personne peut savoir ce que j'ai fait comme rêve (Janna)

→ : Dans tout ce que vous dites, apparaissent deux manières de rêver :
- rêver éveillé : on voit ce qu'il y a autour mais on peut être dans les nuages, penser à autre chose ;
- rêver endormi : on voit dans sa tête, on imagine et personne d'autre que moi peut voir ce que j'imagine.

La différence entre rêve et réalité n'a pas été traitée dans cette séance mais la distinction rêver éveillé/rêver endormi s'est affinée.

Au cycle 3 : ces moments de pause rendent compte non seulement de la progression de la réflexion mais mettent aussi en évidence des propositions qui serviront d'appui pour la suite.

Exemple : En CE2, à propos de la question : « Pourquoi s'intéresser au passé ? »

Extrait (départ) : vous avez découvert une nouvelle discipline, l'histoire ? Est-ce que cela vous plaît, pourquoi ?

O : Moi, je trouve que c'est bien parce que ça nous apprend des choses. (Nathalie)

O : Ça nous apprend le passé. (Camille)

O : Ça nous apprend comment vivaient avant d'autres hommes. (Bénédicte)

O : On découvre d'autres animaux que maintenant on ne peut plus voir. (Ismahane)

→ : Vous dites que l'histoire nous apprend des choses d'avant. Pour reprendre ce que dit l'une d'entre vous, seriez-vous d'accord pour dire que l'histoire, nous apprend ce qui est passé ?

Cet accord a permis de faire émerger la question : « Pourquoi s'intéresser au passé ? »

Ces mini-récapitulations débouchent généralement sur l'approfondissement de ce qui est dit mais sont aussi l'occasion d'ouvrir d'autres pistes de réflexion.

• *À la fin de la séance :* au cycle 2, elle retrace surtout le cheminement des enfants. Au cycle 3, elle structure la réflexion du groupe (elle peut clôturer un thème comme servir de point de départ à une séance ultérieure). Mais dans tous les cas, elle tente de formaliser les distinctions abordées même si celles-ci restent succinctes et incomplètes afin qu'elles constituent des points d'appui possibles par la suite.

Exemple 1 :

En CP, à propos de la remarque d'un enfant : « Pourquoi les enfants sont pressés d'être grands ? » Nous avons demandé : « Que signifie être grand ? »

Nous sommes partis de la question : « Que signifie être grand ? »

Nous avons dit : c'est vouloir être adulte, mais pour être adulte, il faut « passer des âges » et manger, c'est-à-dire grandir.

Nous avons trouvé qu'on grandit physiquement (dans son corps) et en âge.

Nous avons fait une remarque : quand on a « beaucoup d'âge », on est vieux, on est proche de la mort.

Nous avons alors distingué : grandir et vieillir : grandir, c'est devenir adulte et vieillir, c'est être à la fin de sa vie.

Exemple 2 :

En CE2, à propos de la question : « À quoi ça sert d'apprendre l'histoire ? »

1. Introduction

Cette année, au CE2, vous avez découvert une nouvelle discipline : l'histoire.

• Rappel de ce qui a été étudié depuis le début de l'année.

• Qu'est-ce que l'histoire ? « ça nous apprend le passé. »

2. Pourquoi s'intéresse-t-on au passé ?

• Parce que c'est une *histoire vraie* (pas inventée).

• Pour *apprendre*, *connaître* ce qui était avant nous (évolution des manières de vivre).

- Parce que ça nous aide à *comprendre* ce que nous sommes aujourd'hui grâce à tout ce qui s'est passé avant.
- Pour le *plaisir* :
  – parce que ça nous fait rêver,
  – par curiosité.

Exemple 3 :
En CE2, à propos d'un texte de Lipman, *Kio et Augustine* [9], « Les choses n'ont pas de nombre, dit Augustine. Peut-être ont-elles des noms. Mais les nombres, c'est ce qu'on invente quand on compte. »

Les enfants ont demandé : « Qu'est-ce que compter ? »

1. Pourquoi compter ?
- Le nombre permet : de dire combien il y a d'objets.
- Le nombre permet : d'être précis, de donner une quantité exacte.
- Le nombre permet : de comparer deux quantités (ex. : qui a le plus de billes ?).

2. Qu'est-ce qu'un nombre ?
- Différence entre chiffre et nombre :
Chiffre : code écrit qui représente le nombre, il est inventé.
Nombre : exprime la quantité (dit combien il y a d'objets).
- Le nombre est-il quelque chose de matériel que je peux toucher, voir ? Non.
  – *le nombre appartient au langage* : il est inventé par les hommes.
  – *le nombre n'appartient pas aux choses comptées* : il ne décrit pas les objets, il est le même pour n'importe quel objet (ex. : 2 portes – 2 crayons).

3. Qu'est-ce que compter ?

Que fait-on quand on compte ? Peut-on tout compter ensemble ?

Exemple : trois enfants et une chaise, est-ce possible ? Combien ça fait ?

---

9. M. Lipman, *ibid.*, chapitre III-2.

- Pour pouvoir compter, il faut se mettre d'accord pour constituer une même famille (famille des enfants, famille des filles, famille des garçons, famille des animaux...).

On ne peut compter que des éléments qui appartiennent à une même famille, sinon c'est impossible.

- Quand on compte des objets qui appartiennent à une même famille, sont-ils tous identiques ?

Non, il y a des différences qui ne sont pas importantes et dont le nombre n'a rien à faire.

Exemple : dans le groupe, combien y a t-il de filles ?

Dans la famille des filles, certaines sont grandes, d'autres petites, certaines brunes, d'autres blondes... On ne tiendra pas compte des différences physiques entre les filles pour les compter.

Compter, c'est parvenir à une certaine généralisation.

Exemple : famille des filles : être humain de sexe féminin, peu importe la couleur des yeux, des cheveux, de la peau...

4. Peut-on tout compter ?

Oui, même si parfois c'est difficile parce qu'il y en a tellement, que ça ne s'arrête jamais.

La suite des nombres est infinie.

Ces moments de structuration sont importants et incontournables. En effet, l'objectif de l'atelier, séance après séance, est d'aider les enfants à organiser leur pensée.

Or, généralement, ils retiennent d'abord leur propre argumentation, surtout en cycle 2.

Mais progressivement, ils arrivent à situer leur apport dans cette réflexion collective et peuvent dès lors s'enrichir des idées développées par les autres. Cette prise de conscience leur permet d'ébaucher un résumé de la discussion. C'est ce qui apparaît à partir du CM1 lorsque, à la fin de chaque séance, les enfants sont invités à mettre par écrit ce qu'ils ont retenu d'important.

Toutefois, la trace écrite reste encore difficile à réaliser pour eux. Au niveau du cycle 2, elle est proposée aux élèves à partir du script de la séance, mais au cycle 3, après l'avoir élaborée oralement avec eux, l'enseignant leur propose une mise en forme qu'ils peuvent discuter si nécessaire. Ce travail de structuration, de clarification des idées rend possible alors un réinvestissement qui les aide dans la construction de leur pensée.

L'importance du guidage tient au fait que le cheminement rationnel des enfants n'est pas linéaire mais procède plutôt par rupture. La pensée est toujours aux prises avec les préjugés, comme nous le montre Descartes dans les *Méditations métaphysiques*[10], et les acquis des distinctions ne sont jamais établis une fois pour toutes. Les efforts pour s'extraire des évidences sont sans cesse à renouveler, c'est le flux et le reflux de la pensée. « Il s'agit là, précise Wallon, d'un stade antérieur à la pensée logique et analytique. C'est le premier mouvement d'une pensée encore irréfléchie mais déjà en quête de liaisons à établir[11]. »

Et la difficulté pour l'enseignant consiste à les amener vers une progression cohérente.

C'est pourquoi, tant que les enfants en ont besoin, l'enseignant se doit d'établir ces liaisons, c'est à lui qu'incombe la responsabilité de cette cohérence.

Grâce au guidage, les enfants pourront construire leur pensée pour parvenir à « penser par eux-mêmes », c'est-à-dire à opérer seuls ces liaisons dont « la synthèse constitue la continuité du discours et du raisonnement[12] ». D'ailleurs au fur et à mesure qu'ils pratiquent le travail de l'atelier, ils commencent un peu à structurer leurs idées et le guidage s'assouplit, surtout en fin de cycle 3. C'est ce que nous allons examiner maintenant.

• *Évolution de l'animation*

Animer un atelier de philosophie avec des enfants c'est, d'une part, rendre possible une discussion à travers la circulation de la parole et en fonction de la gestion du temps, d'autre part, les guider afin de leur permettre d'aller le plus loin possible dans l'élaboration de leur pensée. C'est pourquoi l'animation dépend principa-

---

10. Descartes, *Première Méditation,* p. 271, « Car ces anciennes et ordinaires opinions me reviennent souvent à la pensée, le long et familier usage qu'elles ont eu en moi leur donnant le droit d'occuper mon esprit contre mon gré, et de se rendre presque maîtresse de ma créance. »
11. H. Wallon, *ibid.,* p. 44.
12. H. Wallon, *ibid.,* p. 111.

Analyse d'une pratique réflexive

lement de l'âge des enfants, plus ils sont jeunes plus elle est présente et spécifique. Elle s'assouplit et se conçoit différemment au fur et à mesure qu'ils grandissent.

Durant ces cinq années, ma pratique, certes, a influé sur l'évolution des enfants mais ils ont en retour enrichi celle-ci, me faisant découvrir des voies insoupçonnées au départ.

Ce qui suit est une tentative de formalisation, après coup, de ma propre évolution.

Au cycle 2

Les difficultés rencontrées par les enfants sont nombreuses. Nous laisserons volontairement de côté celles dues au fonctionnement, c'est-à-dire le fait d'apprendre à s'écouter, à ne pas se couper la parole et attendre son tour pour s'exprimer. En effet, elles ne sont pas l'apanage de l'atelier et constituent un travail quotidien dans nos classes.

En revanche, nous avons repéré quatre types de difficultés propres au travail de l'atelier :

a. s'extraire du vécu immédiat et de l'exemple ;
b. formuler correctement une idée ;
c. rester centré sur le thème ;
d. tenir compte de ce que disent les autres pour dialoguer.

Ces paramètres vont déterminer la façon d'animer l'atelier.

a. Comment amener les enfants à dépasser leur propre vécu et l'énumération sans fin des exemples ? Dès le départ, il m'a semblé important de faire le lien entre leurs différentes interventions afin de mettre en évidence les points communs, les différences, les oppositions... De cette mise en relation, impossible encore pour eux, a découlé certains effets. D'abord les obliger à se décentrer de leur point de vue en acceptant l'existence d'autres expériences. La reconnaissance d'une multiplicité des expériences, le fait de les comparer entre elles en les opposant, les différenciant, les assimilant, constituera ensuite un premier pas vers une généralisation.

b. Comment les aider à mieux formuler une idée ? Lorsqu'il veut être compris par les autres, l'enfant s'attache à énoncer plus clairement son idée. Pourtant, bien souvent, celle-ci s'éclaire au moment même où son auteur l'exprime. D'abord, il m'a semblé important de nommer les opérations mentales effectuées : « Tu donnes un exemple », « Tu contredis X », « Tu émets une hypothèse », « Tu racontes une situation », « Tu donnes un nouvel argument »... Proposer ensuite, le cas échéant, une formulation adaptée à l'idée qui émerge m'a paru utile, en prenant garde toutefois de ne pas interpréter les paroles de l'enfant. Progressivement, par imprégnation, par mimétisme aussi, leur expression s'en est trouvée améliorée.

    c. Comment canaliser leur attention sur un thème précis ? L'écueil de la dispersion guette chaque intervention ou presque, une idée en appelant une autre. C'est normal à cet âge. Tout le travail de l'animation a consisté à leur faire prendre conscience de ce qui, dans un propos, concerne le thème avec ce qui peut être momentanément laissé de côté. Cela ne signifie pas que ce qu'on laisse soit inintéressant mais seulement que cela déborde le sujet. Il sera possible d'ailleurs de l'utiliser à propos d'un autre thème. Ce tri, G. Vignaux le définit comme une opération discursive essentielle à la progression de la pensée : « Il s'agit d'ouvrir des espaces de sens, de portée, d'action, attribuables à certain objet, certaine situation et réciproquement ; de fermer ce qui n'en relèvera pas, par exemple, des propriétés qu'on refuse, d'autres objets jugés non pertinents à la situation, etc. On posera des frontières ; on construira des clôtures de sens [13]. » Ce travail de délimitation, de recentrage, régulièrement opéré avec les enfants, les habitue progressivement à le faire eux-mêmes et très vite, ils arrivent à s'aider mutuellement.

    d. Comment favoriser le dialogue entre eux ? Comme tout est lié, ils ont appris ainsi à être plus attentifs aux propos des autres. Pourtant, et force est de le constater, l'intermédiaire de l'enseignant apparaît nécessaire pour amorcer un échange. Au début, il est rare qu'ils répondent directement à un pair même si leurs propos sont étroitement liés aux précédents. Ils suivent leur idée sans forcément faire le lien avec ce qui a été exprimé auparavant en s'adressant généralement à l'enseignant. La charge de mettre à jour ce lien entre leurs interventions m'est tout naturellement revenue. Je me suis rendue compte, à ce moment précis, de l'impor-

---

[13]. G. Vignaux, *ibid.*, p. 65.

tance de nommer formellement ce qu'ils font : « Tu n'es pas d'accord avec X », « Tu donnes un contre-exemple », « Tu reprends ce qu'a dit Y », « Tu expliques les propos de Z », « Tu apportes un élément nouveau par rapport à V », etc. Cette mise en relation est capitale et a beaucoup facilité par la suite le dialogue entre les enfants.

On le voit nettement, animer un atelier de philosophie avec de jeunes enfants consiste, au début surtout, à mettre en relation, tisser au sens de construire, de disposer en réseau les idées exprimées. Les enfants s'imprègnent progressivement de ces opérations propres au travail de la pensée. Le contenu, c'est-à-dire le thème, importe moins dans un premier temps que la forme bien que celle-ci ne prenne tout son sens que par rapport au premier et il serait tout à fait inconcevable de la travailler pour elle-même, sa raison d'être étant justement de servir le sens. Mais il faut reconnaître que les avancées conceptuelles au cycle 2 restent, somme toute, modestes bien qu'essentielles pour la suite.

Au cycle 3

Les enfants ont intellectuellement mûri. À partir du CE2, les thèmes ont été beaucoup plus travaillés pour eux-mêmes et ils avaient des attentes plus précises par rapport au contenu. Ils aspirent à mieux comprendre les questions qu'ils se posent à défaut d'y pouvoir répondre une fois pour toutes.

Cela explique sans doute pourquoi les nouvelles difficultés auxquelles ils se heurtent relèvent plus du fond lui-même. Nous en avons noté trois :
a. travailler la langue ;
b. construire sa propre argumentation ;
c. retenir d'autres arguments que les siens.

Il est surprenant de constater combien, en deux ans, les enfants ont surmonté la plupart des difficultés rencontrées au cycle 2 : ils parviennent à dialoguer entre eux, s'interpellant directement, à rester centré sur le sujet, à mieux dépasser leur vécu...

De fait, je me suis trouvée plus en retrait au cours des échanges. Mes interventions, plus rares donc, ont été ciblées différemment.

a. Le travail de la langue : certes, il existe depuis le CP et les extraits de scripts en témoignent. Cependant, les exigences ont changé. Il ne s'agit plus seulement de cerner le ou les sens d'un mot employé, les enfants se trouvent le plus souvent confrontés aux enjeux que le sens implique, comme par exemple à propos de la distinction langue/langage. La difficulté devient de type conceptuel, elle relève du sens même du discours de chacun. Travailler la langue ne signifie pas seulement soigner l'expression mais c'est déjà agir sur nos représentations. Exprimer une idée c'est exprimer une certaine conception du monde, de la réalité, une certaine façon de la désigner, de l'imaginer...

À ce niveau, j'ai préféré centrer mes interventions sur le contenu des distinctions, sur la mise en évidence des contradictions internes à un seul propos comme aux oppositions entre plusieurs propos, afin d'amener les enfants à expliciter le plus possible leur pensée.

b. Construire sa propre argumentation : le travail à même la langue les a obligés à plus d'exigence au niveau de leur argumentation. « Tout discours, nous précise G.Vignaux, est un ensemble d'actions sur le système du langage, sur un monde. Ces actions relèvent de deux ordres : l'ordre du penser ce qu'on veut dire et ce qu'on peut dire ; et l'ordre du comment le dire [14] ». Pour ce faire, il leur a fallu d'abord comprendre le discours des autres pour pouvoir se situer, c'est-à-dire l'approfondir ou le contester, mais dans tous les cas, ils ont dû le prendre en compte pour progresser. Dans la confrontation des idées, il n'est pas question de penser les uns à côté des autres et il ne suffit plus seulement de penser les uns contre les autres. C'est ensemble que les enfants peuvent réellement approfondir une question. Dans cette perspective, j'ai donc eu la tâche de faciliter la compréhension des idées développées. Pour ce, j'ai relevé les arguments, sur un tableau, au fur à mesure de la discussion. Ce passage à l'écrit a été très important pour plusieurs raisons : d'abord, une vue d'ensemble des idées donnait à chacun la possibilité de mieux situer sa contribution dans le groupe, comme sa position par rapport à d'autres. Ensuite, cela

---

14. G. Vignaux, *ibid.,* p. 58.

permettait de repérer très rapidement quelles idées s'opposaient, se complétaient...

Ce travail de prise de notes collectives fut essentiel pour pouvoir développer des arguments. C'est pourquoi j'ai été particulièrement attentive à la manière de les transcrire, que ce soit durant les phases préliminaires d'élaboration de la question, les phases de récapitulation pendant la discussion, et les phases finales de structuration des idées. Le cheminement rationnel des enfants en dépendait.

c. Retenir d'autres arguments que les siens : ensemble, les enfants font émerger des idées maîtresses à partir desquelles il est possible d'établir des liaisons, de construire du sens. Cependant, chaque enfant a son propre cheminement. Aussi, dès le CE2, à l'oral uniquement, j'ai souhaité, en fin de séance, que chacun puisse faire individuellement le point sur la discussion : ce dont il a été question, ce qu'il en a retenu... Durant cette récapitulation orale, les enfants se bornaient principalement à redire leur propre argument, avaient beaucoup de mal à s'en extraire pour centrer leur attention sur ce que les autres apportaient, surtout lorsqu'ils avaient développé une idée différente. Afin de favoriser une prise de distance par rapport à leur propre discours, j'ai préféré, au CM1, introduire la dimension de l'écrit. C'est donc sur leur cahier de philosophie que chacun notait désormais ce qu'il avait retenu de la question traitée. L'écrit, oralisé dans un tour de table, par ses contraintes spécifiques, les a amenés à se détacher de leurs propos pour mieux structurer leur intervention. C'est ainsi que petit à petit certains enfants ont commencé à relever l'argument le plus caractéristique à leurs yeux, que d'autres ont essayé de retracer la discussion selon l'ordre chronologique d'apparition des idées : on a dit ceci et puis cela..., que d'autres encore ont tenté de résumer quelques idées essentielles pour eux.

Alors qu'au cycle 2 j'effectuais seule le résumé des séances au vu des scripts, il me devenait alors possible de le faire avec eux à partir des notes qu'ils proposaient. Même si mon rôle demeure encore déterminant dans cette phase, les enfants prennent progressivement une part de plus en plus active.

L'atelier de philosophie est le lieu de l'effort de la pensée ; l'animer, c'est à la fois savoir se taire, se mettre en retrait pour que les enfants investissent cet espace de réflexion, mais aussi savoir intervenir, assumer son rôle d'enseignant qui consiste à rendre explicite ce qu'ils font spontanément et à les guider dans leur acte de réflexion.

L'animation, à travers ce difficile dosage, est essentielle pour que l'enfant puisse prendre de la distance par rapport à son propre discours. Dans cette mise à distance, il va prendre conscience de ce qu'il dit, de ce qu'il pense. Objectiver sa pensée, en prendre conscience, c'est se donner la possibilité de se l'approprier, en s'appropriant par là, ce que disent et pensent les autres. C'est bien connu, on ne pense jamais tout seul, mais toujours à partir de ce que d'autres ont formulé. Ce n'est que dans cet échange que les enfants apprendront à penser par eux-mêmes.

▶ Évolution des enfants

• *Au cycle 2*

En CP

Ils sont, au début, déroutés par l'aspect nouveau du travail de l'atelier. Sa forme orale leur rappelle les moments de langage en maternelle et les premières séances sont généralement faites de monologues juxtaposés. C'est le temps de l'expérience vécue et racontée dans ce qu'elle a d'unique, de singulier, ce qui la rend difficilement dépassable. Elle constitue, à cette étape, le seul argument envisagé. Pourtant, au bout de deux ou trois séances, l'expérience, encore narrée pour elle-même, acquiert un statut d'exemple. Celui-ci, malgré sa charge affective, est déjà une tentative de généralisation.

> Exemple1 :
> Les enfants essaient de comprendre ce que signifie « grandir ».
> O : Quand notre papa et notre maman sont morts, on est grand comme eux. (Thomas)
> → : Donc tant que les parents ne sont pas morts, on n'est pas grand ?
> O : On est encore des enfants. (Jonathan)

O : Moi, la maman de mon papa, il était encore petit et elle est morte. (Anissa)

→ : Alors, on peut aussi être petit quand les parents meurent. La contradiction ne peut s'exprimer ici qu'à travers une situation encore très personnalisée. Sa valeur de contre-exemple lui permet cependant de dépasser son aspect individuel.

Exemple 2 :

À la question posée par un enfant : comment expliquer la différence entre les filles et les garçons ? La première tentative du groupe est de dire : « On est différent parce qu'on ne joue pas aux même jeux ».

O : Les filles, elles aiment pas trop les Play-Station parce que moi, j'ai une Play-Station et ma sœur, elle n'aime pas trop. (Thomas)

O : Moi, ma cousine et mon cousin, ils avaient une Play-Station et ils me l'ont donnée et je joue avec ma sœur. (Anissa)

O : Mon frère, il a une Nintendo 64 et moi, je sais y jouer et j'aime bien la Nintendo. (Marion)

O : Moi, je suis une fille, j'ai un ordinateur et j'aime bien y jouer. (Karine)

O : Moi, j'ai un ordinateur et une Play-Station et ma mère elle aime jouer à la Play-Station. (Lucas)

→ : Alors, les jeux ne constituent pas forcément un critère de différence entre les filles et les garçons.

O : Parce que des fois, les filles peuvent jouer à des jeux de garçons et les garçons peuvent jouer à des jeux de filles. (Marion)

Le premier enfant tente une généralisation de son expérience. Mais celle-ci s'avère contredite par d'autres vécus, juxtaposés les uns aux autres, dont la somme constitue de fait un désaccord. Seule la dernière intervention, libérée de tout contexte particulier essaie de faire le lien entre tous, en généralisant. L'expression « des fois » marque tout de même un aspect relatif de la conclusion. « "Des fois ", nous dit Wallon, sert à limiter une affirmation trop absolue, à éviter des conséquences définitives. C'est la simple éventualité opposée à la nécessité. [15] »

---

15. H. Wallon, *ibid.*, p. 18.

Exemple 3 :
Alors qu'ils expliquent le terme « rêver », les enfants en viennent à distinguer plusieurs façons de rêver.
O : Parce que quand on rêve éveillé, on rêve les yeux ouverts et quand on rêve endormi, on rêve les yeux fermés. (Marion)
O : Aussi, quand on a les yeux fermés, qu'on est endormi, on voit mieux les images qu'on a dans la tête. (Thomas)
O : Quand tu rêves éveillé, tu vois des autres trucs dans ta chambre et quand tu es endormi, tu vois dans ton imagination. (Anissa)
O : Des fois, on peut repenser à ce qu'on a vu, mais pas les toucher. (Karine)
O : Personne peut les voir parce que quand je fais un rêve, personne peut savoir ce que j'ai fait comme rêve. (Janna)
O : Et aussi, quand on parle dans sa tête, les autres ne peuvent pas savoir ce qu'on s'est dit. (Loury)
O : On imagine. (Clément)
→ : Je reprends la distinction : on peut rêver :
  – éveillé : on voit ce qu'il y a autour ;
  – endormi : personne d'autre que moi peut voir ce que je rêve dans ma tête.
On ne peut pas toucher les objets de notre rêve, on imagine.

Dans cette séance, le « on » se substitue au « je », signe d'une certaine décentration par rapport à soi-même. Et si le vécu reste présent, il n'est plus évoqué directement, il est sous-entendu, en filigrane. D'ailleurs, il ne se suffit plus en lui-même, il sert d'appui aux enfants pour en tirer quelque chose qui pourrait servir au groupe.

Exemple 4 :
À propos de la question : « Peut-on savoir ce qu'il y a après la mort ? »
O : Quand on est mort, on va au cimetière. (Cyril)
O : Quand on sera mort, on sera au ciel. (Agathe)
O : On est mort, si on est gentil, on va au paradis, il y a plein de choses. (Hande)
O : Si tu as été trop méchant, tu restes en prison, en enfer. (Mélanie)

O : C'est pas quand on est trop méchant, c'est quand on n'a pas fait la prière. (Amine)

O : C'est quoi l'enfer ? (Maxime)

O : C'est un monsieur qui est méchant, qui va te mettre dans un chaudron brûlant. (Mélanie)

O : Quand on sera mort, on ne sait pas si on sera au paradis ou en enfer. (Mathilde)

O : Au début, on est au cimetière, c'est l'enfer et après c'est le paradis. (Cyril)

O : Après la mort, si on croit en Dieu, il y a une autre vie dans le ciel. (Sophie)

O : Quand on est mort, si on est gentil, on va en enfer, après on va au paradis. Les voleurs, ils restent en enfer. (Mélanie)

O : Si on est mort, on n'existe pas sur la terre, mais sur la terre du Dieu. (Whalid)

O : L'enfer, c'est un diable qui nous met dans un chaudron plein d'eau bouillante. (Hossam)

O : Le diable est mort, c'est un homme mort parce qu'il n'existe pas. (Bastien)

O : Il peut pas être mort. Si quelqu'un a pas fait la prière et si le diable est mort, alors qu'est-ce qu'on va faire ? (Amine)

En ce début de séance, les enfants expriment les représentations les plus communément véhiculées sur ce qu'il pourrait y avoir après la mort. Comme ces représentations ne concordent pas forcément, ils tentent de les expliquer, chacun y allant de son interprétation. Devant cette multiplicité d'opinions, surgit l'interrogation d'un enfant qui questionne la validité de ses représentations : que valent-elles si les autres sont susceptibles d'être vraies ? Son intervention va recentrer la discussion sur le terme principal de la question de départ : peut-on savoir ?

Durant la première année, les enfants vont progressivement prendre de la distance par rapport à leur expérience, leurs représentations. Celles-ci n'exprimeront plus uniquement la dimension affective d'une singularité se posant comme seule référence. Elles ne seront plus seulement juxtaposées les unes aux autres, mais pourront s'inscrire au milieu des autres. Certes, il est encore difficile, pour des enfants de 6 ans, de prendre en compte des idées différentes, toutefois, le fait de les exposer, les poser devant soi et devant les autres les amène à se décentrer. Chaque expérience reste unique mais toutes acquièrent le même statut. Il devient alors possible pour eux de la questionner, c'est-à-dire chercher à lui donner sens.

En CE1

À partir de ce niveau, il s'agit uniquement des enfants constituant le groupe témoin. Au cours de la seconde année, ils ont exprimé avec plus de force leur pensée, cherchant parfois à se situer les uns par rapport aux autres. La contradiction apparaît timidement à travers l'opposition « d'accord/pas d'accord ». Mais le plus significatif est sans doute la place qu'ils donnent à leur expérience : lorsqu'elle est citée, c'est à titre d'exemple, sinon ils s'y réfèrent de manière plus implicite, privilégiant le sens qu'on peut en tirer. L'exemple prend lui aussi une place spécifique, il est nommé et peut même être inventé pour l'occasion.

Exemple 1 :
À propos de la question : « Qu'est-ce qu'un nom ? »
O : Un nom, c'est par exemple, si tu dis : toi, toi, toi, tu sais pas qui c'est. (Nassiba)
→ : Ça sert à quoi un nom ?
O : Pour t'appeler. Si tu dis : toi là, tu sais pas qui c'est. (Cyril)
O : Par exemple, quand on recherche quelqu'un, par le nom, on peut s'aider mieux. (Camille)
O : En fait, le nom c'est pour appeler les gens. (Agathe)
O : Par exemple, si je dis : ma copine a joué avec moi, tu sais pas qui est ma copine. (Bénédicte)
O : Un nom, ça sert pour dire, par exemple : « Cyril, vas couper une tranche de pain » et non pas : « Toi là-bas, vas couper une tranche de pain ». (Bastien)
O : Si on était une école entière et que tout le monde descende dans la cour, un nom ça servirait à nous appeler sinon on se reconnaîtrait pas. (Ismahane)

Les enfants distinguent l'exemple dans leur discours. Ce dernier n'est plus forcément dépendant d'une circonstance précise mais contient un aspect plus général. L'utilisation du « on » en témoigne. Cette tentative de généralisation leur permettra de prendre conscience que le nom ne réfère pas uniquement aux êtres humains mais que tout peut porter un nom, et d'entrevoir la question : d'où vient le nom de toute chose ? (Sans aller jusqu'à la question du nom propre).

Exemple 2 :
À propos de la question : « Qu'est-ce qu'un ami ? »
O : Moi, je n'ai que des copains, je n'ai pas d'ami. (Bastien)
O : Moi, je ne suis pas d'accord, je dis que copain et ami, c'est pareil. (Agathe)
O : Moi, je dis que c'est pas pareil. (Cyril)
O : Si, c'est pareil. (Nathalie)
→ : Pourquoi dites-vous que c'est pareil ou non ?
O : C'est presque pareil, parce que quand on a un ami, on a de l'amitié entre nous et quand on a un copain, on a aussi de l'amitié. (Camille)
→ : Tu dis un mot supplémentaire : l'amitié.
O : Copain et ami, en fait, c'est presque pareil, parce que copain c'est comme un ami sauf que quand on l'entend, on le dit pas pareil. (Cora)
→ : Finalement, ces mots ne se disent pas de la même façon mais ils ont presque le même sens ?
O : Un copain, ça peut se disputer, alors qu'un ami ça fait longtemps qu'on se connaît et qu'on s'est pas disputé. (Bénédicte)
→ : Toi, tu apportes un plus : pour le mot ami, il y aurait la notion de temps : « ça fait longtemps », alors que pour un copain il n'y aurait peut-être pas ce temps-là.
O : Moi, mon copain, je le connais depuis la maternelle et c'est pas pareil qu'un ami. (Bastien)
→ : Comment devient-on ami ?
O : Quand on commence à se connaître. (Bénédicte)
O : Au début on devient copain et après ami. (Bastien)
O : C'est que quand tu le vois, tu commences à lui parler, après tu commences à le voir presque tout le temps, tu commences à jouer avec lui et après tu deviens copain. (Cyril)

> O : Moi, par exemle, avec Agathe, au début, on n'était pas vraiment copines, on se connaissait, on jouait juste un peu entre nous. Ensuite, on est devenue copine parce qu'on jouait de plus en plus et maintenant on est amies. (Camille)

Les propos des enfants sont riches d'une expérience mais celle-ci est peu évoquée sinon à titre anecdotique pour renforcer une idée émise. Ils essaient de s'en dégager pour en exprimer les traits les plus caractéristiques. Là encore le « on » remplace le « je ».

Sans doute cette distance leur permet-il de donner du sens à ce qui était jusqu'alors confiné au domaine du ressenti.

• *Au cycle 3*

Les enfants sont à l'aise dans l'atelier. Tout nouveau thème est pour eux source de curiosité, même s'il est proposé par l'enseignant. Leurs questions deviennent plus précises. Ils nomment l'origine de leurs idées. Ils ne cherchent pas forcément une bonne réponse mais essaient d'avancer ensemble. Un dialogue s'ébauche vraiment : ils s'écoutent, se questionnent mutuellement, se répondent, s'opposent... Selon le thème, la discussion est moins parasitée par les exemples, ceux-ci sont plus abstraits, plus généraux.

> Exemple 1 :
> À propos de la question d'un enfant : « Qu'est-ce que c'est un dieu parce qu'on dit qu'il y en a plusieurs ? »
> O : Un dieu, c'est ce qu'il y a de plus fort sur la terre. (Amine)
> O : Moi, je dis qu'un dieu ça n'existe pas. (Bastien)
> O : Pourquoi tu crois pas que Dieu, il existe ? (Nassiba)
> O : Parce que j'ai lu des livres et moi, je crois les scientifiques, c'est mieux. (Bastien)
> → : Donc, toi, tu ne crois pas à l'existence de Dieu parce que tu l'as lu dans des livres. C'est ta source d'information.
> O : Comment t'y crois pas, si tu sais pas ce que c'est Dieu ? (Cyril)
> O : Je sais ce que c'est pour moi Dieu,... C'est un personnage imaginaire, comme le père Noël. (Bastien)
> O : (à Amine) Comment tu sais que c'est le plus fort, est-ce que tu l'as déjà vu ? Qu'est-ce qui te dit que c'est le plus fort ? (Camille)

Analyse d'une pratique réflexive

O : Ben alors, comment il peut punir les gens ? (Amine)

O : Quels sont les noms des dieux ? (Pauline)

O : Il y a Zeus, le dieu des dieux, et Hadès, le dieu de la mort. (Agathe)

O : Râ, c'est un dieu du soleil et en même temps de la mort. (Bastien)

O : Pourquoi on donne des noms aux dieux ? Comment on sait qu'il y en a un qui est le dieu du soleil ou le dieu des dieux ? (Cora)

O : Mais si le dieu est tout-puissant pourquoi il y a plusieurs dieux ? Si le dieu est tout-puissant, il n'a pas besoin des autres dieux pour le sauver. (Camille)

O : Il y a beaucoup de dieux, peut-être que... dans beaucoup de dieux, il y en a un qui nous a tous créés ? (Nassiba)

O : Et comment il s'est créé lui-même alors ? (Camille)

→ : Il y a deux choses dans ce que vous dites : d'un côté, Dieu qui serait tout puissant, capable de punir, et de l'autre, des dieux qui représenteraient le soleil, la mort... Est-ce qu'on ne pourrait pas comparer Dieu tout puissant et les autres dieux ? N'y aurait-il pas des différences ?

O : Moi, avant, je disais qu'il y avait rien qu'un dieu, mais maintenant puisque vous racontez tout ça, je dis qu'il y a plusieurs dieux. Mais moi, je crois toujours au Dieu tout-puissant. (Amine)

O : (à Amine) C'est qui le dieu tout-puissant pour toi ? (Pauline)

O : Le Dieu normal, puisqu'il y en a plusieurs. Moi, en premier, je me suis dit : Dieu il est tout-puissant et en plus je vois les gens à l'église, je me suis dit : bon, il existe Dieu. (Amine)

Dès le départ, les enfants ne parlent pas de la même chose : certains s'engagent sur l'idée d'un Dieu unique alors que d'autres se situent au niveau des dieux mythologiques. Tout le travail consistera à les amener à établir des différences entre un Dieu et des dieux. Le thème les oblige d'emblée à un niveau d'abstraction difficile. La discussion est riche, les enfants se questionnent, s'opposent au nom des diverses sources d'information, mais aussi mettent à jour des contradictions internes à certains propos. Il y a peu

d'exemples mais des tentatives de définition, des hypothèses...
Malgré toute la difficulté de l'entreprise, ils montrent leur capacité
à s'extraire de plus en plus de l'expérience immédiate et à se situer
au niveau d'une réflexion générale.

> Exemple 2 :
> À propos de la question : « Qu'est-ce qu'on fait quand on compte? » (suite de l'extrait p. 58)
> → : Que faites-vous quand vous comptez des êtres humains, des chaises, des tables ?
> O : On peut compter des objets. (Agathe)
> (silence)
> → : Je vais vous poser un problème : essayez de compter : 1 Pauline, 1 Nathalie, 1 Cyril plus 3 chaises. Combien ça fait ?
> O : On peut pas les compter parce que 1 Pauline, c'est un personnage, 1 prénom et ça n'existent pas. (Ismahane)
> O : Mais si on peut les compter : 1 Pauline, 2 et 3 pour les autres enfants et 3 chaises, ça fait 6. (Camille)
> → : Pauline, c'est pareil qu'une chaise ?
> O : Mais nous, on n'est pas des chaises d'accord, mais on peut se compter entre nous. (Camille)
> → : Tu as dit un mot important : entre nous.
> O : Entre nous, les êtres humains. On peut pas nous distinguer par rapport à des chaises mais on peut nous compter. (Cora)
> → : Donc nous ressemblons à des chaises !
> O : Non, on peut pas dire vous servez comme des chaises mais on peut nous compter. (Cyril)
> O : Nous, on peut bouger, faire plein d'activités tandis que les chaises, elles ne bougent pas. (Cora)
> O : En fait ça ne bouge pas, c'est un ensemble de chaises, nous on est un ensemble d'enfants. Il peut y avoir un ensemble de tout. (Nathalie)
> → : Peut-on compter ensemble des éléments qui appartiennent à des ensembles différents ?
> O : On peut pas trop les compter en mettant les chaises dans notre groupe ! (Agathe)
> O : Il faut faire des ensembles de mots différents. (Camille)

→ : Pour pouvoir compter, il faut constituer des familles, des ensembles de chaises, d'êtres humains...

Les enfants savent techniquement dénombrer, compter, calculer des quantités d'objets. Pourtant ils fonctionnent sans jamais se demander ce que présuppose l'acte de compter et donc ce qu'il signifie. Ici, malgré l'apparence concrète du problème, la situation donnée par l'enseignant est abstraite puisqu'il s'agit de les amener à comprendre que compter ne peut s'effectuer sans élaborer des distinctions entre différents éléments. Compter, c'est déjà organiser le monde, lui donner sens à travers les distinctions opérées.

Exemple 3 :
À propos d'une phrase tirée d'un texte de M. Lipman : « Les choses sont-elles toujours comme elles le paraissent ? »
→ : Alors maintenant, regardez. Vous allez me dire ce que vous en pensez, on va faire un petit jeu. Voici 2 traits. Qu'est-ce que vous pouvez en dire ?

O : C'est que, y en a un qui a des traits qui partent sur les côtés tandis que l'autre a des traits qui reviennent au milieu. (Agathe)
O : Le premier, c'est le sens inverse de l'autre. (Nathalie)
O : Le premier, c'est une flèche à l'envers, le second une flèche. (Ismahane)
O : Quand on le voit, c'est réel. (Bastien)
→ : Oui ça existe, ce que vous voyez est réel. Comment sont-ils l'un par rapport à l'autre ?
O : Ils sont différents, ils ne se ressemblent pas. (Cora)
O : En fait, on croit qu'il y a un trait plus grand que l'autre mais, en fait, ils sont tous les deux pareils. (Agathe)
O : Oui, c'est un effet d'optique. (Camille)
→ : Lequel serait le plus grand des deux ?
O : Celui du haut. (Agathe)
O : Parce que quand on fait la flèche du premier, il n'y a que le bout des pointes qui touche le trait tandis que l'autre, c'est à l'intérieur donc ça attache mieux. (Pauline)
O : En fait, celui du haut, il a les flèches qui partent vers les côtés, alors on a l'impression qu'il est plus grand. Tandis que les pointes de celui du bas elles sont rentrées. (Agathe)

→ : Tu as employé un mot important : on a l'*impression* que le trait du haut est plus grand. Quand on a l'impression, à propos du trait du haut, qu'est-ce que vous pourriez dire ?

O : On a qu'à les mesurer ! (Camille)

O : Avec une règle. (Pauline)

→ : Ah ! Toi tu donnes une technique : on a qu'à prendre la règle et les mesurer.

O : Ou bien, on peut mettre aussi la flèche du haut comme la flèche d'en bas. (Nathalie)

→ : On va les mesurer : la première de 0 à 17 cm, la deuxième de 0 à 17 cm. Les 2 traits sont égaux et pourtant...

O : Moi, je dis que le trait du haut est plus grand. Maintenant on a pris la règle, on a mesuré et c'est pareil. (Nassiba)

O : On pense que le premier est plus grand et en fait si on les mesure, on est attentif, on voit qu'ils sont à la même longueur. (Cora)

→ : Donc ces traits vous paraissent différents et pourtant ils sont de longueur identique. Qu'est-ce que ça veut dire ? (Vous les avez vus pourtant ces traits).

O : C'est un mirage ! (Camille)

→ : Est-ce que c'est un mirage, là ? Un mirage ça n'existe pas. Ces traits, vous les voyez bien, ils sont bien réels.

O : C'est une illusion d'optique. (Pauline)

→ : C'est une illusion d'optique. Qu'est-ce que ça veut dire une illusion d'optique ?

O : On croit voir, par exemple que la flèche d'en haut est plus grande, que celle d'en bas est plus petite. (Pauline)

→ : Donc on croit voir. Et est-ce que ce que je vois est vrai ?

O : Non, c'est faux. (Plusieurs)

→ : Alors, la vue qu'est-ce qu'elle peut faire ?

O : Elle peut se tromper. (Agathe)

→ : Oui, elle peut nous tromper. « Les choses ne sont pas toujours comme elles le paraissent » : certaines fois, les sens peuvent nous tromper. Est-ce que vous êtes d'accord ?

O : Pourquoi ils peuvent nous tromper car on dit que nos sens ne nous trompent jamais ? (Pauline)

Les enfants sont confrontés ici à une idée qui les dérange : c'est que nos sens peuvent nous tromper. Comment connaître la réalité si nos sens ne sont pas fiables ? Cela déclenche chez eux la volonté de trouver une réponse satisfaisante : de près, ils ne nous trompent pas, de loin ils peuvent nous tromper. Mais ils se heurtent très vite à des contre-exemples. Cette difficulté les oblige à bousculer leurs représentations et à travailler la distinction entre être (domaine de la réalité vraie) et paraître (domaine de la réalité perçue). Cette distinction est encore trop abstraite et nous touchons avec ce thème la limite de ce que les enfants de 8 ans peuvent concevoir. Cette tentative aura tout de même été bénéfique car elle les a stimulés intellectuellement.

À ce stade de l'atelier, les enfants ressentent le besoin de travailler autrement, l'oral ne leur suffit plus. Au début, un tableau récapitulatif de la discussion leur permet de fixer les idées importantes ainsi que le cheminement du groupe. Mais assez vite, ils émettent le vœu d'une trace écrite de tous les thèmes rencontrés depuis le CP. Le cahier de philosophie voit alors le jour.

En CM1, les enfants abordent l'atelier avec plus de maturité. À la question : « En quoi ce que vous faites en philosophie est-il différent de ce que vous faites en classe ? », ils cernent bien les enjeux de l'atelier :

« En philo, il ne faut pas avoir peur de dire ce qu'on pense, même si parfois c'est un peu bête. »

« En philo, on réfléchit à toutes les idées qu'on a. »

« On a besoin des autres pour penser, comme ça, on peut trouver d'autres idées. »

« Il y a toujours une réponse à une question. Même si on la connaît pas, on pourra peut-être la connaître un jour. »

« Mais aussi, quand on a des réponses, il y a toujours une question à la réponse, on n'a jamais fini d'approfondir. »

« De toute manière, on apprendra toute notre vie. »...

Quant à leurs demandes, elles sont plus précises. Tout d'abord, ils souhaitent travailler deux thèmes particulièrement : ils désirent approfondir encore la notion d'amitié et se questionnent à propos du langage : « Qui a inventé le langage ? Pourquoi tel mot s'appelle ainsi et non autrement ? »

De plus, ils ressentent le besoin d'écrire leurs idées afin de ne pas les oublier en attendant leur tour de parole. Le fait de les fixer par écrit leur permet de les développer, de construire une argumentation. Ils les défendent plus âprement, veulent convaincre. Du coup, les discussions sont plus animées, moins dispersées. Les enfants rebondissent sur ce que disent leurs camarades, s'entraident dans la formulation d'une idée difficile, s'opposent, exemple à l'appui. La façon dont ils utilisent ce dernier est d'ailleurs intéressante : il vient renforcer un argument, rendre plus concret, plus compréhensible une argumentation, bref, il reprend sa place d'illustration d'une idée.

> Exemple 1 :
>
> Extrait concernant la séance sur le langage : « Les animaux ont-ils une langue ou un langage ? »
>
> O : En fait, la langue, ça vient aussi de la nature parce qu'en fait, c'est nos cordes vocales qui nous servent à parler ; [...] l'humain n'aurait pas forcément des cordes vocales, il aurait pu avoir des oreilles là ! (En montrant l'emplacement des cordes vocales). (Camille)
>
> → Tu veux dire que l'organe qui permettrait de parler, ce sont les cordes vocales ?
>
> O : C'est la nature qui nous a permis d'avoir des cordes vocales. (Camille)
>
> O : Justement, des cordes vocales, ça nous sert à parler. Pour en être sûr, on peut comparer avec un singe, qui est le plus proche de l'homme, et lui n'a pas de cordes vocales. (Cyril)
>
> O : Si, il en a mais il n'émet que des sons, il n'arrive pas, il veut pas. Il a déjà appris sa langue natale donc il ne changera pas de langue. (Pauline)
>
> → Ça voudrait dire qu'il ne suffit pas simplement d'avoir des cordes vocales pour pouvoir parler, pour avoir une langue. Le singe a des cordes vocales et pourtant il n'a pas de langue. Qu'est-ce qu'il faut pour avoir une langue ?
>
> O : En fait, tous les animaux ont un langage, ils peuvent communiquer. Mais en fait, nous, on a une langue parce qu'on a... un cerveau qui nous commande tout. (Camille)

O : Moi, je pense que les animaux, eux, ont un langage et nous, on a une langue et un langage. (Ismahane)

O : Par exemple, si un perroquet et un lion se rencontrent et qu'ils essaient de communiquer, ils ne vont pas comprendre. Ben moi, si je parle à quelqu'un, il va me comprendre. (Cora)

O : L'avantage qu'on a, c'est qu'on a des profs de diction pour nous apprendre ou à parler normalement en CP, ou dans une autre classe, et à parler une langue étrangère. Tandis que les animaux n'ont pas de profs, à part les scientifiques. Ils n'ont pas de profs. (Pauline)

O : En fait, le perroquet et le lion, ils pourraient communiquer parce qu'en fait, ils pourraient se parler avec des signes. Ils ne peuvent pas se parler avec des signes parce que... Déjà, le lion il a quatre pattes donc c'est un peu gênant, tandis que nous on peut... on peut avoir un handicap, par exemple muet, mais on peut quand même communiquer. On peut communiquer par les cris et par les signes. Tandis que les animaux, ils savent pas. (Camille)

O : En fait, le lion, il rugit parce que ses parents lui ont appris à faire ça, tandis que nous, nos parents nous ont appris à parler en français. Donc, le perroquet, il a appris, c'est... Le chien, il a appris à aboyer ; le chat, il a appris à miauler... (Agathe)

O : Moi, je suis pas d'accord. Il n'a pas appris, c'est naturel. Ses parents lui ont pas dit : « Miaou, miaou », tu apprends à dire miaou ! (Camille)

O : C'est plus simple pour apprendre notre langue, les parents, ils parlent pour t'aider mais sinon tu l'apprends tout seul, au bout d'un moment, tu dis un mot et puis... (Bastien)

O : Le problème si tu vas dans un endroit où il y a personne, ben... tu peux pas savoir comment on dit. (Agathe)

O : Les animaux, ils se parlent avec des signes, il y a un lion qui a attrapé une antilope, il y a une hyène qui vient la prendre, le lion... Ils communiquent entre eux puisque le lion rugit et la hyène s'en va. C'est un peu un mélange de signes et de paroles. (Pauline)

O : Ça lui fait peur parce que le lion, il a une grosse voix. Il aurait une petite voix, la hyène, elle s'en irait pas. (Camille)

O : Je reviens à ce que je voulais dire tout à l'heure quand j'avais dit que les animaux, eux, ont un langage. Ils ont pas une langue parce qu'on peut pas dire que le perroquet parle le perroquet, que le lion parle le lion. (Ismahane)

O : Est-ce que le langage, c'est que pour les animaux ? (Nassiba)

O : Non, les humains, ils ont la langue et le langage et les animaux, ils ont le langage. (Ismahane)

O : Parce que si un oiseau, par exemple, qui vient de France va dans un autre pays, il peut toujours communiquer avec l'oiseau de l'autre pays. C'est pas comme nous, parce que si je pars en Italie, je ne pourrai pas parler parce que je ne connais pas l'italien. (Nassiba)

O : Les oiseaux du monde entier ont la même langue. Par exemple, tous les léopards de l'Afrique ont la même langue, ils peuvent communiquer. Tous les crocodiles ont la même langue. Mais les humains, nous, on n'a pas la même langue. (Pauline)

À ce niveau, les enfants sont capables de discuter de façon suivie et à peu près cohérente à propos d'un thème abstrait : le langage. Ils veulent comprendre, donner du sens à la question initiale et la richesse du dialogue vient sans doute de la qualité de l'écoute et de la volonté du groupe de penser ensemble. Une idée n'est plus seulement la propriété de son auteur, mais elle peut être reprise, défendue ou contredite par d'autres.

Leur argumentation est plus élaborée, elle se construit au fur et à mesure de la discussion en tenant compte des apports successifs. Les enfants veulent convaincre et pour cela, tentent des distinctions entre langue et langage, entre hommes et animaux. Celles-ci s'appuient tantôt sur des explications d'ordre physiologique, tantôt sur des comparaisons (différences/ressemblances) qui s'effectuent encore sur fond d'anthropomorphisme. Les exemples viennent illustrer ou renforcer un argument avancé.

Au niveau du contenu, ils expriment certains éléments essentiels tels que :
• il n'y a pas d'organe du langage comme il en existe pour d'autres fonctions (respiratoire, digestive...) ;
• les animaux communiquent entre eux par des attitudes ;

• les animaux n'apprennent pas leur langage, celui-ci est instinctif à la différence des hommes qui ont besoin d'apprendre des autres hommes ;
• le langage animal est identique pour toute une espèce quel que soit le lieu géographique où vivent ses représentants ;
• l'animal ne peut apprendre d'autres langages ;
• il n'existe pas de langue lion ou crocodile comme il existe les langues française, italienne ou autres.

Pourtant, ils ont encore du mal à se défaire de leurs représentations anthropomorphiques concernant l'animal et mesurent difficilement tout ce que ces éléments impliquent au niveau de la distinction langue/langage.

Une séance spécifique pour structurer toutes les idées travaillées est nécessaire. Après un tour de table où il leur est demandé d'écrire ce qu'ils ont retenu de la discussion, un résumé est élaboré avec l'enseignante.

Voici un extrait de cette séance suivi du tableau récapitulatif sur le thème du langage.

Exemple 2 : Tour de table

O : Les animaux, donc, n'ont pas de langue mais un langage. Si deux animaux différents se rencontrent, par exemple un lion et un oiseau, ils ne se comprendront pas mais pourront ressentir la peur... Si le lion rugit, le perroquet ressentira la peur. Donc, les animaux ont des sentiments, ils peuvent ressentir la frayeur... (Nathalie)

O : C'est que les animaux ont un langage, ils font des sons mais ne disent pas de mots. (Agathe)

O : Je dis que par exemple : les lions vont chasser, ils vont le dire au moment où ils iront, ils vont pas le dire avant. Et aussi, par exemple, un singe, il parle pas notre langue parce que c'est son destin. (Cyril)

O : Les animaux ont un langage mais chaque animal a sa propre langue. Par exemple, les oiseaux peuvent parler entre eux mais ne peuvent pas parler aux autres animaux.

Pourtant, certains oiseaux, comme les perroquets, peuvent parler d'autres langues, en répétant ce qu'ils entendent.

Le langage des animaux n'est pas comme nous : nous, nous avons des mots ou autre chose, mais eux ils émettent des sons différents. (Pauline)

O : Moi, j'ai retenu que les animaux ont un langage et non une langue. Par exemple, le lion rugit et il ne parle pas la langue lion.

Les animaux ne peuvent pas apprendre d'autres langages et ils n'ont pas appris à parler, c'est leur destin, ils sont programmés pour ça. Par exemple, un chien dans le désert saura aboyer, un homme dans le désert ne saura pas parler, il faut qu'il entende la langue.

Les animaux ne peuvent pas communiquer alors ils vont se faire comprendre. Par exemple, le lion va montrer les dents ou grogner pour éloigner la hyène de sa proie, par exemple une gazelle. (Camille)

O : Moi, j'ai retenu que les animaux ont un langage, mais que chaque race d'animaux a son langage. Exemple : un lion et un perroquet ne se comprendront pas parce que le lion, lui, son langage c'est le rugissement et le perroquet fait que répéter ce qu'on lui dit mais ne comprend rien. (Bénédicte)

O : Les animaux ont un langage. Les animaux ne peuvent pas apprendre une autre langue tandis que nous, on peut apprendre une autre langue, par exemple l'allemand. (Annabelle)

O : Les animaux ont un langage, nous, nous avons une langue et un langage.

Les animaux ne cherchent pas à comprendre et à apprendre le langage des autres, les animaux ont leur langage et pas un autre. (Cora)

→ Maintenant, on va réagir un petit peu au tour de table.

O : (se tournant vers Pauline) Elle a dit que les animaux ont un langage et elle a dit une langue. (Camille)

O : Chaque animal a sa propre langue. (Pauline)

O : Non, c'est un langage, c'est pas une langue. Par exemple, le perroquet ne parle pas le perroquet. Les hommes enfin, nous les Français, on parle le français, par contre les perroquets ne parlent pas la langue perroquet. (Camille)

O : mais eux, ils peuvent l'appeler autrement aussi. (Pauline)

→ Est-ce qu'ils l'appellent autrement ? Est-ce qu'ils savent ce qu'ils parlent ?

Analyse d'une pratique réflexive

O : Moi, j'en sais rien mais on peut... (Pauline)

O : Ce qu'on a dit la dernière fois c'est qu'ils émettaient des sentiments, la peur et d'autres sentiments mais ils ne parlaient pas : « Comment ça va aujourd'hui, il fait beau ». (Camille)

O : C'est en faisant des chants, par exemple, s'il est amoureux, s'il a peur, s'il est en danger. (Cyril)

→ Comment, la dernière fois, on a appelé ce que l'animal produit ? (Silence)... Des signaux, vous vous souvenez ? Qui veut encore réagir ?

O : Toujours à propos de Pauline : mais les perroquets, ils peuvent répéter ce qu'on dit mais ils ne savent pas ce qu'on dit. (Ismahane)

O : Mais c'est ce qu'elle a dit. (Cyril)

O : Mais chaque animal, le perroquet, par exemple, a son propre langage aussi. (Pauline)

O : Le perroquet ou l'oiseau, ils vont pas formuler des phrases, ils vont pas dire : « Bon, bientôt, on ira attraper un vers » ou quelque chose comme ça, ils vont émettre un son pour dire ce qu'ils vont faire. (Nathalie)

→ Donc, les animaux ont un code, fait de signaux qui provoquent uniquement des réponses...

Les enfants retiennent, dans la majorité, leur argumentation. Cependant, le fait de passer par l'écrit leur permet de se souvenir de celles des autres. Des ébauches de résumés apparaissent, dont certains font preuve d'un réel souci de structuration.

Il ressort principalement que :

• les animaux n'ont pas de langue puisqu'ils ne forment pas des phrases pour communiquer mais un langage, qui est propre à chaque espèce et non communicable d'une espèce à une autre ;

• ils communiquent entre eux par des attitudes qui provoquent certaines réactions ;

• ils communiquent de façon spontanée, immédiate, non prévue à l'avance ;

Un atelier de philosophie à l'école

- ils n'apprennent pas leur langage, ils l'ont d'instinct. Les enfants emploient maladroitement le mot de « destin ». Pour eux le destin rejoint la notion d'instinct au sens où l'animal ne peut y échapper, il est programmé pour ;

- ils ne peuvent apprendre un autre langage, à la différence des hommes.

Cependant, les enfants ont eu du mal à intégrer dans cette 4e séance, le contenu développé dans la 3e à propos de la description d'une langue. De plus, et c'est normal, ils ne sont pas parvenus à la compréhension de la seconde articulation de la langue. C'est pourquoi persiste encore chez certains une confusion entre langue et langage. Mais cette fois, les enfants se rectifient entre eux et rappellent ce qui a été développé. L'idée principale est tout de même plus claire dans leur esprit.

L'enseignante apporte quelques précisions de vocabulaire, écrit devant eux, en les reformulant en et en les organisant, les idées émises au cours du tour de table. On peut dire que la récapitulation est faite collectivement, chacun y apportant un élément, une précision... Le tableau final a été élaboré au fur et à mesure et rend compte des différentes séances sur ce thème.

> Exemple 3 :
>
> Tableau récapitulatif élaboré avec des enfants de CM1 à propos de la question du langage.
>
> Séance n° 1 : pourquoi une table s'appelle « table » et pas « nuage »? Que voulez-vous savoir à travers cette question ? Importance de définir les mots qui sont employés : langage, langue.
>
> Séances n°s 2 et 3 : comment définir ce qu'on appelle le langage ? Comment définir ce qu'on appelle une langue, comment est faite notre langue, à quoi nous sert-elle ?... (Les définitions restent cependant encore confuses pour les enfants)
>
> Séance n° 4 : les animaux ont-ils une langue ou un langage ? (Cette séance donnera l'occasion de revenir à nouveau sur certains points des séances précédentes).

Analyse d'une pratique réflexive

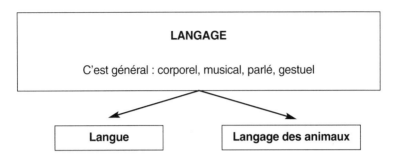

C'est l'instrument du langage parlé :	**Les animaux ont-ils une langue ou un langage ?**
– il est constitué de sons et de signes – les signes sont inventés par les hommes (ils sont arbitraires)	– ils *communiquent* à l'aide de *signaux codés une fois pour toutes*, et différents selon les espèces (grognement, attitude de domination, de soumission...)
– il en existe de différentes (on peut les apprendre)	– un animal ne peut pas apprendre le langage d'une autre espèce
La langue nous permet de : • *communiquer* : par le dialogue avec les autres	– les signaux n'appellent *aucune réponse* mais uniquement certaines conduites. Il n'y a pas de dialogue entre animaux. Mais il y a communication
• *exprimer* : – des sentiments – des évènements passés, présents ou futurs (dans le temps) – des idées (qui n'ont rien à voir avec la réalité. Ex. : s'interroger sur le langage)	– le *contenu de ces signaux* se rapporte toujours à *une seule situation* : la satisfaction d'un *besoin immédiat*

Les animaux appartiennent au règne de la nature : leurs actions se font par instinct (déterminées à l'avance). Ils communiquent entre eux selon un code qu'ils n'apprennent pas. I*ls ont un langage mais non langue, ils ne parlent pas.*

À ce stade, les enfants ont eu une véritable demande de contenu. Certes, il ne s'agissait pas de faire un cours, mais ils avaient besoin que leurs questions, les discussions débouchent sur un apport notionnel. Les conclusions auxquelles ils sont arrivés, qu'ils étaient en mesure de faire émerger et comprendre, leur ont suffi et face aux tableaux récapitulatifs des séances, ils ont réalisé l'importance de leur réflexion.

« Avant, je ne savais pas faire la différence entre la langue et le langage. » (Annabelle)

« J'ai appris beaucoup de choses sur le langage. Le fait que les animaux s'expriment uniquement dans le présent, ça, je n'y avais pas réfléchi avant. » (Cyril)

Cette satisfaction a constitué une dynamique pour aller encore plus loin dans l'aventure de la pensée dont certains pressentent déjà l'aspect dialectique :

« On pourrait faire 2 groupes : un négatif, un positif et à partir d'une idée, chaque groupe dirait ce qu'il pense et pourquoi. » (Ismahane)

« Quand on contredit quelqu'un, le groupe avance. » (Cyril)

3
Conséquences au niveau scolaire

Après exposé du travail de l'atelier, reste à savoir quels véritables bénéfices les enfants en retirent sur le plan scolaire. L'observation des enseignants successifs du groupe témoin montre un réinvestissement de ce travail aussi bien dans des situations de classe qu'au niveau d'une attitude plus générale par rapport au savoir.

▶ Constat

Durant les cinq années d'observation des enfants du groupe témoin au sein de leur classe, les enseignants ont remarqué qu'ils sont plus efficaces que leurs camarades sur certains points.

Au niveau du travail de groupe

Lorsque, dans un groupe, il y a des enfants qui pratiquent l'atelier, le maître constate qu'il intervient beaucoup moins dans la régulation du groupe ainsi que dans l'aide au niveau du contenu. En effet, ils s'organisent assez rapidement de façon à ce que chacun puisse s'exprimer, aidant si nécessaire ceux qui ont du mal à expliquer ou justifier leur choix. Alors que, généralement, c'est le moment où les *leaders* s'imposent, affirmant plus fort que les autres leurs opinions pour avoir raison, s'instaure spontanément, dans ces groupes, une collaboration entre les enfants. Collaboration qui n'empêche pas une certaine vivacité des échanges, mais cela se passe souvent avec moins de conflits entre les personnes.

Le résultat présenté à la classe est souvent mieux structuré et donc plus performant.

En français

Les enfants du groupe témoin sont loin d'être tous des littéraires dans l'âme ou des écrivains en herbe. Pourtant, ils manifestent à l'oral plus d'aisance dans leur expression et sont plus pertinents dans leur argumentation. Lorsqu'ils sont amenés, par exemple, au cours d'une table ronde en bibliothèque, soit à présenter un livre qu'ils ont lu, soit à écouter la présentation des autres, ils émettent des jugements construits ou posent généralement des questions de fond. Même constat lors d'exposés proposés à la classe, ils savent intéresser l'auditoire en faisant participer ceux qui sont le plus en retrait. À l'écrit, ils semblent avoir plus de facilité pour s'approprier un texte et y repérer les idées importantes qui le structurent. Ils vont plus rapidement à l'essentiel, se laissant moins perturber par les détails. D'une manière générale, ils apparaissent aussi plus sensibles à la polysémie des mots. Même s'ils n'en maîtrisent pas toujours les différents sens, du moins sont-ils capables de les envisager et par là d'en rechercher l'explication. Comme cette enfant de CE2 qui demande à l'enseignant l'explication du mot « pourquoi », lors d'une explication de texte (pourquoi tel personnage décide-t-il de partir ?) : « *ça veut dire dans quel but ou pour quelle raison ?* »

En mathématique et en sciences

Ils émettent, dans les situations de recherche, à partir d'un problème donné, des hypothèses dont la richesse et la diversité peuvent surprendre. En sciences, notamment lors de recherches sur les différentes manières dont les hommes peuvent connaître et reconstituer la vie il y a très longtemps. De même lors de situations problèmes, ils parviennent à expliquer leur démarche de diverses façons, montrant une certaine facilité de raisonnement.

D'un point de vue global, par rapport à l'autre moitié de classe, ces enfants sont beaucoup plus autonomes dans l'organisation de leur travail, se sentent concernés par la vie de classe et participent davantage lors des apprentissages. Ils apparaissent très fortement en demande par rapport à tout ce qui touche au contenu des disciplines scolaires.

Pourtant, ils ne sont pas forcément meilleurs que leurs camarades. D'où viennent donc ces compétences apparemment plus développées ?

▶ Compétences transversales développées

Bien que le travail de l'atelier ne relève d'aucun contenu spécifique, il apparaît essentiel à toutes les disciplines. Il est d'ailleurs frappant de remarquer un certain rapport entre les constats récurrents effectués par des maîtres différents et certains objectifs des programmes de l'école élémentaire, dont voici quelques extraits tirés du *BO* n° 7 du 26 août 1999 (objectifs repris dans les nouveaux programmes 2002).

• Dès les principes généraux, le chapitre 4, qui s'intitule « Privilégier délibérément les activités les plus formatrices », conseille : « Dans tous les cas, l'accent doit être mis sur l'appropriation du sens, l'efficacité de l'expression, la pertinence de la réflexion. »

• Dans le chapitre concernant le français et plus particulièrement la pratique orale de la langue :

– *Au niveau du cycle 2 (apprentissages fondamentaux)* : « Apprendre à parler, oser s'exprimer, apprendre à mettre en ordre ses idées pour communiquer avec les autres, adultes et enfants, sont les objectifs principaux de la pratique de la langue orale ».

« L'acquisition d'un vocabulaire simple mais bien maîtrisé accompagne et structure la réflexion ».

D'ailleurs une des compétences exigibles en fin de cycle est exprimée ainsi : « Prendre sa place dans un dialogue et dans un échange collectif : parler, oser s'exprimer, exposer son point de vue, demander des explications et écouter ».

– *Au niveau du cycle 3 (approfondissement)* : les objectifs sont clairs : « Doit être privilégiée la prise de parole où le maître favorise des situations de communication permettant aux enfants d'écouter, d'exposer, d'expliquer et de convaincre ».

« La prise de parole s'inscrit en priorité dans le cadre d'activités scolaires où les élèves sont amenés, sur un sujet précis, à entreprendre une discussion, à exposer une démarche, à justifier des résultats. Elle repose sur une écoute active qui permet à chaque élève de tenir compte du propos de l'autre et d'être entendu ».

Une des compétences exigibles en fin de cycle est : « Commencer à argumenter, à exposer son point de vue ».

• Dans le chapitre concernant l'éducation civique, l'expression et l'argumentation constituent un des objectifs et recommandations générales aux cycles 2 et 3 :

« L'exercice de l'argumentation, tournée vers le collectif ou l'universel, vise à sélectionner et mettre en forme les raisonnements les plus convaincants pour autrui ».

Plus spécifiquement pour le cycle 2 (mais qui reste valable aussi pour le cycle 3) :

« C'est l'occasion d'une approche, appuyée sur l'expérience concrète, des valeurs constitutives de la personne et de la dimension politique, au sens large, inhérent à l'existence humaine ».

Au regard de ces éléments, force est de reconnaître l'enjeu scolaire que représente le travail de l'atelier de philosophie.

• *Le sens du discours*

Un des principaux bénéfices se situe au niveau de la maîtrise de la langue orale, non pas seulement en vue d'une expression formelle correcte, d'un « bien parler » mais essentiellement par une approche du sens du discours.

« Ce qui est dit dans l'énoncé nous informe en même temps de la façon dont cela a été construit pour être dit. Ce qui est pensé dans l'énoncé nous renseigne simultanément sur les opérations qui ont été nécessaires pour assurer cette pensée [1] », nous dit Georges Vignaux.

---

1. G. Vignaux, *ibid.*, p. 62.

Si nous reprenons son étude à propos des opérations langagières et cognitives, nous pouvons repérer dans le travail de l'atelier les éléments suivants :

– lorsque les enfants tentent de définir les termes qu'ils emploient, de questionner la signification des expressions communes, ils font ce que G.Vignaux appelle des « localisations-identifications », c'est-à-dire qu'ils sont amenés à « désigner, marquer l'existence d'objets ; à spécifier les propriétés qui leur seront prédiquées, les caractéristiques, les actions, les situations qui leur seront affectées [2] » ;

– lorsqu'ils confrontent leurs représentations à propos des différents thèmes (l'amitié, le langage, l'histoire...), ils sont dans une dynamique d'« appropriations, consistant à créer distance ou pas entre ce que j'énonce et moi-même, selon mes niveaux d'adhésion ou de conviction, mes certitudes, mes prudences, etc. Ces appropriations sont toujours complémentaires de désappropriations vis-à-vis d'autres discours, d'autres sens [3] » ;

– lorsque le groupe s'efforce de structurer les idées développées, de mettre en forme ce qui a été discuté, il effectue alors des « stabilisations consistant à délimiter les sens construits et à clôturer les champs de significations attribués aux objets du discours ; et en contrepartie, à déstabiliser d'autres conceptions, d'autres représentations, et, pour ce faire à induire la non-pertinence d'autres sens [4] » ;

– lorsque nous approfondissons des distinctions, par la mise en évidence des différences et des ressemblances afin de parvenir à une première généralisation, celle-ci devient possible parce que tout discours est déjà une schématisation. Vignaux explique comment le discours se construit en établissant des exclusions et des intégrations : « des exclusions consistant à marquer ce que ne sont pas les significations du discours et donc les objets qui ne relèvent pas du propos de ce discours, de la représentation qu'il veut assurer d'un certain univers et donc du mode d'existence de cet univers. Et corollairement des intégrations consistant à délimiter ce

---

2. *Ibid.*
3. *Ibid.*
4. *Ibid.*

que seront les objets du discours et ceux-là seuls, pertinents aux significations de la représentation instaurée par le discours et à spécifier ce qui les définira en regard d'autres.[5] »

Ce va-et-vient constant entre pensée et langage est essentiel ; l'élaboration d'une pensée se fait par et dans la construction du discours qui lui donne corps. « Il y a donc intrication entre le penser et le dire, le discourir, l'argumenter. Le langage, mettant les mots à la place des choses, les mots à la place des mots, offre à chacun le pouvoir d'agir symboliquement sur ces objets en modifiant leurs représentations... Discourir, argumenter, c'est donc agir.[6] »

Or, ces compétences transversales, rarement travaillées en tant que telles dans un cadre disciplinaire précis, sont pourtant essentielles pour accéder au premier pouvoir, comme le nommait Ségolène Royal en 1999 lors des États généraux de la lecture et des langages : « Le pouvoir de porter sa parole, structurer sa pensée et la frotter à celle des autres, en usant avec suffisamment d'aisance des différentes formes de discours [7] ».

Voici pour illustration une comparaison entre le groupe témoin lorsqu'il était au CE2 et un groupe d'enfants en CM2 qui pratique ce travail pour la première fois.

Les CE2 ont demandé d'approfondir le thème de l'amitié à partir de la distinction faite en CE1 à propos de la différence entre un copain et un ami, elle-même établie à partir d'une séance en CP à propos du terme « aimer ».

Voici les résumés de ces séances :

• *Est-ce que j'aime mes parents de la même manière que j'aime les fraises ?* (CP)

Aimer a deux sens :
– avec le goût : les aliments, c'est une sensation.
– avec le cœur : les êtres vivants (personnes, animaux), c'est un sentiment.

---

5. *Ibid.*
6. *Ibid.*
7. S. Royal, Discours d'ouverture des États généraux de la lecture et des langages, Nantes, 4 mai 1999.

- *Distinction entre : copain et ami (CE1)*
- Point commun : c'est une personne que l'on connaît.
- Différences :   ami   copain

ami	copain
• on le connaît depuis longtemps	• on le connaît un peu
• on lui fait confiance	• il peut nous mentir
• on fait toujours la paix	• on peut en changer si on se dispute
• on peut lui dire un secret	
• on l'aime d'amitié	
• ça vient du mot aimer, avec le cœur	

- *Comment pourrions-nous décrire une relation d'amitié ?* (CE2)
(Dire ce qu'elle est, ce qu'elle n'est pas...)

Une relation d'amitié :
– *se construit avec le temps* : il faut prendre le temps de se connaître, de partager ensemble des émotions (jeux, secrets, goûts...) ;
– *est sans intérêt* : on ne peut pas être ami si on se sert de quelqu'un pour obtenir quelque chose. L'amitié ne s'achète pas ;
– *est un choix libre* : il n'y a aucune obligation, c'est parce qu'on le veut bien ;
– *est réciproque* : c'est un sentiment partagé par les deux amis ;
– *respecte les différences* : on n'est pas ami forcément parce qu'on se ressemble.

Les CM2 ont désiré, eux aussi, discuter de la relation d'amitié, thème qui leur tient à cœur et dont ils ont, tous, une expérience.

Voici la synthèse de leur séance :

Qu'est-ce que l'amitié ? (Comment décrire cette relation ?)
– L'amitié suppose deux personnes, d'accord pour cette relation.
– Avec un ami, on partage ses jeux, ses secrets.
– Ami vient du mot aimer :
  • aimer qui ? : amis, animaux, famille, acteurs, amoureux...
  • aimer quoi ? : un film, une chanson, les vacances...

De ces exemples, nous pouvons tirer quelques remarques.

Au niveau du contenu même

- On peut noter l'affinement progressif des distinctions élaborées par les CE2 :

aimer → sensation
→ sentiment → différence : copain-ami → relation d'amitié

Les distinctions initiales leur ont permis de mieux circonscrire le thème pour pouvoir décrire, à partir de leur expérience, en la confrontant et en la généralisant, ce que peut être une relation d'amitié.

En fait, ils ont pratiquement retrouvé cinq des points constitutifs de la notion d'amitié développée par Aristote dans *L'éthique à Nicomaque* (livre VIII).

- Les CM2, ont senti la difficulté de traiter le thème directement. Ils ont alors essayé de structurer leurs idées et sont revenus à l'étymologie pour tenter d'en cerner le domaine d'application, sans arriver cependant à distinguer la polysémie du terme « aimer » puisqu'ils mettront sur le même plan aimer quelqu'un et aimer quelque chose.

De plus, ils n'ont pas su sortir de l'exemple (souvent énoncé sous une forme impersonnelle bien qu'inspiré par un vécu) pour le généraliser, comme si celui-ci se suffisait en lui-même. Ils ont eu du mal à établir des passerelles entre leur vécu et une discussion d'ordre général. Dès lors, l'argumentation fut difficile à construire. Il s'est avéré que, malgré leur âge, ils ont 2 ans de plus, leur maîtrise de la langue et leur capacité d'abstraction plus grande ils n'ont pu réfléchir leur expérience, cherchant avant tout une réponse correcte, normative à partir de laquelle ils pourraient la comprendre. En fait, ils ont rencontré les mêmes obstacles rationnels que des CP débutants dans l'atelier.

Au niveau du dialogue entre les enfants

Les CE2 ont développé leurs idées sans craindre d'être déstabilisés par des contre-exemples ou d'assumer le fait d'être minoritaire. Cette confrontation a été source de richesse pour la réflexion du groupe. Ce qui fut frappant, à l'inverse, chez les CM2, c'est le souci de s'inscrire dans le courant d'idées émises par le plus grand

Conséquences au niveau scolaire

nombre comme si ce critère constituait en lui-même une référence. Les rares velléités de s'extraire du sens commun ou au moins de le questionner ont été autocensurées par crainte de singularisation. Cette absence de confrontation n'a pas permis l'émergence d'une pensée qui se construit. Cette difficulté s'explique, sans doute, par l'âge, par l'entrée dans la période de pré-adolescence. Certes, cela n'est sûrement pas étranger. Ce qui toutefois nous questionne, c'est que les enfants du groupe témoin n'ont pas rencontré ce type d'obstacle lorsqu'ils ont été eux-mêmes en CM2. Au contraire, ils ont eu la capacité d'assumer leurs idées avec beaucoup d'honnêteté intellectuelle, sans craindre la marginalisation. Le critère de rejet ou d'acceptation d'une thèse a moins résidé dans le souci de se conformer au discours ambiant que dans la volonté réelle de rechercher de la cohérence. Certains ont même accepté le rôle du contradicteur, obligeant ainsi le groupe à affronter, à un moment donné d'une discussion, ses propres contradictions. « Déclarer, explique G. Vignaux, c'est se poser face à quelque chose. Affirmer, c'est s'affirmer face à autrui ou au contradicteur. Tout discours s'inscrit dans un contexte où des thèses s'opposent.[8] »

Pourtant, la difficulté rationnelle des CM2 ne vient pas d'une incapacité intellectuelle à structurer leurs idées. Ils sont dans l'ensemble de bons élèves faisant preuve de logique, sachant conduire des raisonnements notamment en mathématique. Comment se fait-il donc qu'habitués à l'abstraction et au raisonnement, ils rencontrent tant d'obstacles pour structurer leur pensée ? L'explication vient sans doute du sens donné au terme « raisonnement ». En effet, si l'on reprend la distinction d'Aristote, il existe deux types de raisonnement : ceux qu'il appelle « analytiques » dont « la vérité est une propriété des propositions, indépendante de l'opinion des hommes », ces raisonnements sont démonstratifs et impersonnels ; et ceux qu'il nomme « dialectiques », « si leurs prémisses sont constituées d'opinions généralement acceptées », c'est-à-dire vraisemblables. Les premiers portent sur un domaine formel, comme les mathématiques, dont les axiomes ne sont pas discutés et dont le langage, arbitraire et conventionnel, utilise des signes dont le sens est dépourvu de toute ambiguïté. Les seconds

---

8. G. Vignaux, *ibid.*, p 39.

portent sur l'opinion, dans une langue naturelle solidaire de classifications préalables, de jugements de valeur non pas arbitraires mais dépendants d'une histoire, c'est-à-dire d'un temps et d'un lieu.

Or, il y a généralement réduction du sens de raisonner, uniquement confiné au domaine formel, celui des sciences dites exactes comme les mathématiques. Raisonner s'apparente ainsi facilement à calculer. Et pourtant, nous dit Perelman, « il est indéniable que nous raisonnons même quand nous ne calculons pas, lors d'une délibération intime ou d'une discussion publique, en présentant des arguments pour ou contre une thèse, en critiquant ou en réfutant une critique. Dans tous ces cas, on ne démontre pas comme en mathématique, mais on argumente [9] ».

Si les CM2 n'ont pu parvenir à une réflexion satisfaisante pour eux, c'est qu'ils sont sans doute habitués à raisonner sur des réponses alternatives restreintes (typiques des résolutions de problèmes), et non à questionner. Ils ont alors du mal à dépasser une conception réductrice de l'acte de penser. Comme si penser consistait simplement à découvrir une vérité de fait, définitive et extérieure qui nous donnerait les clés pour comprendre notre expérience. Or celle-ci ne peut se réduire à une équation mathématique. L'idée que penser consiste à élaborer une réponse provisoirement satisfaisante et par là, résolument ouverte, qu'en pensant on construit une vérité en mouvement leur a été difficile à concevoir. Pourtant, « le domaine privilégié de la dialectique, nous précise Platon, est celui qui échappe au calcul, à la pesée et à la mesure, celui où l'on traite du juste et de l'injuste, du beau et du laid, du bon et du mauvais [10] » et Perelman d'ajouter : « En général du préférable ».

• *Des apprentissages qui prennent sens*

Si les compétences disciplinaires sont nécessaires, elles ne suffisent pas à elles seules à aider l'enfant à construire sa pensée. Ce qui est en jeu dans la pratique réflexive de l'atelier se situe au

---

9. C. Perelman, *ibid.*, p 18, 176.
10. Platon, *Euthyphron.*

niveau du sens même de l'acte de penser et de la prise de parole d'un sujet comme porteur de cette pensée. Paradoxe sans doute, mais force est de constater que si, chez les CM2, les capacités de raisonnement analytique ont peu d'influence dans leur acte réflexif, les capacités de raisonner de façon dialectique, chez les enfants du groupe témoin, leur sont, en revanche, une aide précieuse dans les différents domaines disciplinaires.

Les enseignants reconnaissent généralement deux profils d'élèves : ceux qui « fonctionnent », c'est-à-dire qui appliquent scrupuleusement les règles qu'ils apprennent, même s'ils ne comprennent pas toujours ce qu'ils font, mais tant que ça marche ! Et ceux qui ont besoin de comprendre le sens de leur travail. C'est parfois plus difficile mais sans doute plus efficace sur le long terme. Cette recherche de sens s'est révélée de façon récurrente à partir du cycle 3, pour les enfants du groupe témoin, qui ont pris pour objet de questionnement certaines disciplines.

• En mathématique, par exemple, au-delà des exercices pratiques, il leur était important de questionner l'idée de nombre. Au fond, qu'est-ce que c'est un nombre ? Pourquoi compter ? À quoi cela sert-il ? Que fait-on quand on compte ? Qu'est-ce que l'infini ?

• En français, c'est la notion de nom qui les a intrigués. Qu'est-ce qu'un nom ? Pourquoi les hommes ont nommé les choses ? Et plus largement, qu'est-ce que le langage ? Pourquoi tel objet se nomme ainsi et pas autrement ? Pourquoi les hommes parlent plusieurs langues ? Y avait-il à l'origine une seule langue ? D'où vient le français ?...

• En histoire, comment dépasser certaines réflexions courantes du style : « l'histoire, ça sert à rien. Dans la vie de tous les jours ça change quoi de savoir que Louis XVI est mort guillotiné ? » D'où la légitimité de leur interrogation : pourquoi l'école enseignerait-elle des matières inutiles ? Finalement, pourquoi s'intéresser au passé ?...

• En éducation civique, travailler l'importance des règles communes et apprendre à vivre ensemble supposent avoir une notion de ce qui est bien et de ce qui est mal. Comment le savoir puisque ce qui est bien pour l'un ne le sera pas forcément pour d'autres ? Jusqu'où devons-nous faire confiance à ceux qui prétendent savoir ce qui est bien pour nous ? La loi qui dit ce qui est permis est-elle toujours bonne ? Lui obéir est-ce seulement s'y soumettre par peur de la punition ou vouloir ce qui est bien pour tous ?...

Certes, ces questions sont à la limite des domaines disciplinaires. Si elles ne sont d'aucun secours lorsqu'il s'agit de s'exercer à la technique de la division ou d'écrire un texte au passé composé et s'il n'y a pas lieu de les traiter dans le cadre des apprentissages eux-mêmes, elles restent cependant capitales car elles concernent le fondement même de chaque discipline et leur raison d'être enseignées.

Ce qui est intéressant dans cette démarche des enfants, c'est qu'elle a fait naître chez eux, une attitude nouvelle par rapport au savoir en général et à l'institution scolaire en particulier.

Voici pour exemple la réflexion menée à propos d'une question posée par des enfants canadiens lors d'une séance de philosophie, question reprise avec les enfants du groupe témoin en CM1 : va-t-on à l'école pour apprendre des réponses ou pour apprendre à poser des questions ?
Remarque : mots importants : école, réponses, questions.

1. Lien entre question et réponse :

quelque chose que   explication
l'on ne sait pas

- Une question a toujours une réponse, même si des fois on ne la connaît pas.
- Certaines réponses nous posent à nouveau de nouvelles questions.

2. Différents types de questions :

- *questions concernant*   → *réponses* que l'on connaît
les matières scolaires   dont on est sûr. *Savoir* qui
(*math/français/hist/géo/sciences/...*) s'apprend (à l'école/avec
et la vie pratique.   d'autres...). On apprend durant
    toute la vie.

- *questions philosophiques*   → *réponses* dont on n'est pas
(*sens de la vie/de la mort/*   sûr, elles ne sont *jamais*
l'amitié...)   *définitives* mais nous pouvons
et *scientifiques* (*origine du monde*)   sans cesse les *approfondir*.

3. Quel est le rôle de l'école ?
• apprendre des réponses → *savoir* qui nous permet de *comprendre* ce qui nous entoure.
• donner l'occasion de poser des questions sur ce qu'on apprend → *donner du sens au savoir*

Exemples :
– histoire : pourquoi s'intéresse-t-on au passé ?
– math : qu'est-ce que compter ?
– français : qu'est-ce qu'un nom ?
– sciences :
    • comment connaissons-nous la réalité ?
    • différence entre être et paraître.

• *Un autre rapport au savoir*

Dire que les apprentissages prennent sens peut paraître somme toute exagéré puisque cela suppose qu'ils pourraient ne pas en avoir. Pour l'enseignant, ils en ont c'est sûr, mais en est-il toujours autant pour les élèves ? Savent-ils vraiment pourquoi ils sont à l'école, outre le fait qu'elle soit obligatoire ? Ou pourquoi ils apprennent ceci ou cela, en dehors du fait que ce soit au programme ? Si la majorité, docile ou silencieuse, n'a pas l'air de souffrir plus que cela de cette absence de sens, est-ce réellement sans conséquence pour eux dans leur rapport au savoir et à l'école ?

Les enseignants qui ont eu en charge dans leur classe les enfants du groupe témoin ont été surpris par leur attitude. Non qu'ils soient plus intelligents que leurs camarades, il n'y a dans le groupe aucun surdoué, mais des enfants qui suivent une scolarité « normale », avec des hauts et des bas ; non qu'ils soient plus sociables, ils apprennent comme les autres à vivre ensemble, se respecter et respecter les règles communes. Ce qu'il y a en revanche de particulier, c'est *leur façon d'être par rapport au savoir et par conséquent par rapport à l'école*. Les différents enseignants notent, année après année, qu'ils manifestent une curiosité toujours en éveil, un intérêt constant pour tout ce qui les ouvre au monde, particulièrement en histoire, géographie, sciences, expositions, rencontres... se contentent rarement d'une leçon et proposant spontanément de faire des exposés pour approfondir certains sujets. Ravis de ce moteur, les maîtres doivent toutefois, s'ils ne veulent pas être débordés, réfréner l'ardeur des enfants. Ils notent aussi *un esprit critique assez développé*. En effet, même s'ils ne remettent jamais en cause ce que leur maître leur apprend, ils ne le donnent pas non plus pour définitivement acquis, c'est-à-dire qu'ils ne s'en contentent jamais, désirant systématiquement aller plus loin au risque parfois d'aller trop vite.

Cette soif d'apprendre constitue une véritable activité de l'esprit au sens positif du terme, c'est-à-dire qu'elle n'est pas limitée à des compétences fermées focalisées uniquement sur des savoir-faire fonctionnels mais qu'elle est résolument tournée vers une volonté de comprendre le monde. Et quel est le meilleur moyen d'y prendre part sinon d'essayer de s'en approprier le sens, pour pouvoir, en retour, agir sur lui ?

Cette dynamique intellectuelle trouve source dans un désir d'apprendre fondateur de l'humanité. « Le propre de l'homme, c'est moins d'apprendre que d'apprendre d'autres hommes [11] » explique F. Savater. Qu'est-ce à dire ? Que le savoir, s'il se limite à la maîtrise de quelques techniques ne deviendra jamais connaissance en tant que transmission du patrimoine humain que l'on peut aussi appeler culture. Si celle-ci se définit d'après J. Rostand comme « ce que l'homme ajoute à l'homme », l'éducation est, selon F. Savater, « la marque concrète de l'humain apposée là où ce dernier n'était que virtuel [12] ».

Donner sens aux apprentissages scolaires, c'est leur redonner cet ancrage culturel, essentiellement humanisateur, c'est aussi redonner sens à l'institution en charge de l'éducation. Que signifierait une éducation sans raison ? Une éducation qui n'encouragerait pas la recherche rationnelle de la vérité ou plutôt des vérités ? Même si elles ne peuvent être que partielles et hésitantes, élevées au rang de certitudes immanquablement provisoires, toujours susceptibles d'être remises en cause et, par là, d'évoluer, elles ne peuvent, toutefois, être assimilées aux opinions que nous pouvons

---

11. F. Savater, *ibid.*, p. 39, 40.
12. *Ibid.*

avoir sur les choses. Celles-ci ne pouvant se réclamer que d'une singularité, « c'est votre opinion, non la mienne », demeurent fermées alors sur elles-mêmes, valent ce que valent toutes les autres, et possèdent pour seul débouché le dogmatisme des préjugés. C'est pourquoi, le fait d'avoir une opinion ne signifie pas pour autant penser par soi-même. La difficulté que nous avons à les discuter, d'ailleurs, montre à quel point nous les subissons jusqu'à la confusion. « L'obligation béate de respecter les opinions des autres, si elle était vraiment mise en pratique, paralyserait le développement intellectuel et social de l'humanité... Ce subjectivisme irrationnel, cette tendance à faire de nos opinions le symbole même de notre organisme tout entier et à considérer le moindre démenti comme une agression physique (« Il a heurté mes opinions ») rend difficile non seulement l'éducation humaniste, mais aussi la convivialité démocratique. Vivre dans une société plurielle impose d'accepter l'idée que ce qui est absolument respectable, ce sont les personnes, et non pas leurs opinions. Et le droit d'avoir une opinion personnelle, c'est aussi accepter qu'elle soit écoutée et discutée – et pas seulement qu'on la regarde passer sans y toucher comme une vache sacrée.[13] »

Le rôle de l'école est-il de sacraliser les opinions de chacun au nom du droit à s'exprimer (ce qui ne parviendrait qu'à imposer les croyances despotiques du groupe dominant) ou doit-il favoriser l'apprentissage de la pensée, au risque d'en bousculer certaines ?

« Penser par soi-même et soumettre ce que l'on a pensé à la confrontation raisonnée [...], c'est renforcer la disposition à rechercher une vérité qui ne fabriquera pas d'esclaves.[14] »

Redonner sens à l'école, c'est la comprendre à la fois comme un lieu d'instruction, d'apprentissages spécifiques, mais aussi comme un lieu d'éducation, dont le but est de faire du petit d'homme un humain. « Il faut tout spécialement renforcer chez les enfants la capacité de poser et se poser des questions : sans cette inquiétude, on ne sait jamais rien, on ne fait que répéter.[15] »

---

13. F. Savater, *ibid.*, p 167, 168, 169.
14. *Ibid.*
15. *Ibid.*

Troisième partie
Pistes pour la formation des maîtres

1
Qu'est-ce que la philosophie ?

Parler d'atelier de philosophie à l'école primaire soulève bien des questions chez les enseignants. Sans doute, celui qui voudrait se lancer dans l'aventure devrait-il d'abord se pencher sur la plus fondamentale de toutes : au fond qu'est-ce que la philosophie ?

La philosophie, étymologiquement « recherche de la sagesse », est, dans son intention première, recherche non pas d'une sagesse extérieure à l'homme, mais d'un sens qu'il cherchera au plus profond de lui-même, dans ce qui constitue son humanité au travers de son rapport à lui-même, au savoir, au monde, aux autres... Dans cette quête d'une réponse à la mesure de l'intelligence humaine, la philosophie fait appel à la raison. Cette pensée, ainsi plus cohérente, nous permet de former des jugements justifiés, susceptibles d'être exposés et discutés. Mais cette raison, résolument au service d'un sujet, ne saurait s'y laisser circonscrire, le dépassant toujours vers ce qui vaut aussi pour tous les autres. « La philosophie, d'après A. Comte-Sponville, se situe à la croisée entre l'universel (de la raison) et le singulier (d'une existence), c'est par quoi elle se rapproche des sciences (la raison dans les deux cas est la même), c'est par quoi elle se rapproche des arts (la subjectivité dans les deux cas est la même), sans pour autant se confondre ni avec ceux-ci, qui n'ont que faire de raisonner, ni avec celles-là qui n'ont que faire de vivre. La philosophie n'est ni une science ni un art, mais comme la perpétuelle tension entre ces deux pôles : comme une science improbable à force d'être subjective, comme un art improbable à force de se vouloir rationnel et qui ne connaîtrait de succès que dans une certaine façon, toujours singulière, d'échouer... La philosophie ne vit que par l'impossible qu'elle porte en elle, qui est une raison subjective, qui est un sujet rationnel... Comment pourrait-on cesser de philosopher ? Il faudrait tout connaître, ce qu'on ne peut, ou renoncer à penser, ce qu'on ne doit. La philosophie, toujours improbable, toujours nécessaire, vaut mieux que la bêtise.[1] »

L'idée même de la philosophie dont la vertu serait, selon Merleau-Ponty, cette inévitable claudication devrait mettre fin à certains scrupules déontologiques de bon nombre d'enseignants, par exemple :

– le fait qu'il n'y ait pas de réponse sûre ne risque-t-il pas de fragiliser intellectuellement les enfants ? N'est-ce pas leur montrer qu'il est vain de penser ?

– doit-on répondre et comment à une question existentielle d'un enfant ?

– Face à certains sujets sensibles, ne risque-t-on pas d'empiéter sur le domaine privé des croyances, domaine habituellement réservé aux familles ? Dès lors, comment le maître peut-il guider ? Devra-t-il, pourra-t-il valider les arguments avancés par les enfants ? Selon quels critères rationnels ? De plus, jusqu'où peut-on laisser s'exprimer des propos qui seraient en contradiction avec les valeurs dont l'école est porteuse (droits de l'homme, idée de république, de démocratie), simplement au nom d'un raisonnement bien mené ?

En effet, faire de la philosophie avec des enfants ne signifie pas répondre à leur place. À eux de construire progressivement leurs propres réponses, elles seront d'autant plus un acte libre qu'ils auront les moyens de toujours les re-questionner. Et ne pas avoir l'assurance d'une réponse définitive, est-ce pour autant ne rien penser ou mal penser ?

Le leur faire croire est, au contraire, le leurre des dogmatismes les plus dangereux. Le lot de tout être humain n'est-il pas d'être confronté à cette impossible toute puissance et à cette quête infinie ? Le sens de la philosophie ne serait-il pas au fond celui dont parle M. Conche : « Il y a sens à la philosophie dès lors qu'il y a recherche, mouvement orienté. Pour que le mouvement ait un

---

1. A. Comte-Sponville, *La sagesse des modernes*, p. 508, 509.

sens, il n'est pas nécessaire qu'il ait un but ; il suffit qu'il ait une direction, une orientation. Cela n'implique pas que l'on sache où l'on va, mais seulement où ne pas aller... En avançant *à reculons*, on parcourt un chemin qui se définit de proche en proche. Quel chemin ? On ne le sait qu'après coup. Le philosophe se définit étape par étape, en regardant en arrière. "Qui suis-je ?", se demande-t-il. Il ne le sait qu'à la fin – une fin qui intervient du dehors, avec l'accident de la mort. Alors, le chemin est, par force, à son terme. Mais ce n'était rien de plus qu'un chemin. [2] »

C'est pourquoi, il s'agit moins de valider ou non ce qui peut être autorisé à penser que chercher à comprendre pourquoi on pense ce qu'on pense, d'en mesurer les enjeux et les conséquences. La philosophie n'est pas la défense d'une doctrine sinon elle devient « idéologie » comme le souligne encore M. Conche, et seul cet aspect critique des opinions permettra de lutter contre la logique absurde et inadmissible de certaines thèses.

---

2. M. Conche, *Le sens de la philosophie*, p. 45.

2
Comment mettre en place un atelier ?

●●●●●●●●●●●●●●●●●●●●●●●●

Avant de penser l'organisation d'un atelier, il importe que l'enseignant adopte une attitude cohérente, qu'il soit ouvert aux questions d'enfants, même si elles apparaissent au beau milieu d'une leçon. C'est parce qu'il saura les écouter et leur rendre leur importance, sans forcément les traiter sur-le-champ, que ceux-ci investiront progressivement cet espace de questionnement. *Qu'il s'efforce de respecter la spécificité de l'interrogation philosophique sans la confondre avec une question psychologique ou éducative.* C'est une question qui peut valoir pour tous, et en ce sens elle est digne d'être débattue. *Qu'il ait toujours en tête les objectifs propres au travail de la pensée.* Cela l'aidera à inventer sa façon d'animer une discussion philosophique sans en trahir le sens. Qu'il puisse identifier les questions d'enfants au regard des grandes problématiques philosophiques rencontrées en terminale, par exemple. Bien qu'il ne s'agisse absolument pas de répéter un cours, il saura mieux repérer en quel sens des interrogations parfois anodines les rejoignent et les posent.

Que dire, dès lors, à qui désirerait se lancer dans l'aventure, hésitant cependant à instaurer directement un atelier formalisé ? Pour commencer, d'autres modalités s'ouvrent à lui.

▶ La séance spontanée

Dans le temps de la classe, il arrive parfois que des questions surgissent sans savoir ce qui les motive exactement. Comme par exemple cette enfant de 6 ans, particulièrement discrète, qui demande naïvement, en plein milieu de l'élaboration de l'emploi du temps de la journée, « À quoi ça sert d'aller à l'école ? ».

Certes, il n'est pas facile de suspendre le travail de classe pour rebondir sur ces interrogations. Pourtant, tout enseignant sait aussi qu'il faut quelquefois savoir perdre apparemment ce temps si précieux derrière lequel nous courons désespérément dans l'espoir de « boucler » nos programmes, que cette « perte » momentanée permettra un gain de sens bien souvent supérieur à nos espérances.

Ces séances spontanées, qui ne dépassent guère 10 à 15 minutes, bon nombre d'entre nous en ont déjà fait l'expérience. À ceci près, qu'elles ne sont bien souvent que des moments mis entre parenthèses à l'intérieur d'un cursus, parenthèses qui ne débouchent pas forcément sur autre chose qu'une conversation, agréable certes mais qu'accompagne parfois le sentiment de perdre son temps. Pour que ces moments soient profitables aux enfants, il faudra que l'enseignant ait à cœur de les aider à prendre conscience de ce qu'ils disent, de les questionner, de renvoyer au groupe la question d'un seul pour montrer l'aspect général de l'interrogation : et vous, qu'en pensez-vous ? Êtes-vous d'accord ? Pourquoi ?... L'attente d'une réponse satisfaisante est moins essentielle, dans un premier temps, que le fait d'entrevoir ce sur quoi peut déboucher une simple question. En les aidant à structurer ce qu'ils expriment, par un listage éventuel des idées qui se rejoignent ou s'opposent, l'enseignant fera basculer la conversation en discussion mieux ciblée et donc plus fructueuse quant au contenu. Les enfants retiendront d'autant plus facilement les idées développées dans l'échange qu'elles seront organisées.

Exemple : En CP à quoi ça sert d'aller à l'école ? (trame de la discussion)

1re question : qu'est-ce qu'on apprend à l'école ?

– à lire, écrire, faire des maths... → travailler ;
– à respecter des règles de conduite dans la classe et dans l'école... → un comportement.

2e question : est-ce qu'on apprend qu'à l'école ? Non, ailleurs, à la maison aussi.

3e question : qu'est-ce qu'on peut apprendre à la maison ?

– à jouer, à ranger sa chambre, à mettre la table... → faire du travail pour jouer et pour aider ;
– à être poli, à bien se tenir, à être propre... → un comportement.

Distinction : le travail de l'école est différent de celui de la maison.

Conséquence : l'école ça sert à apprendre des choses qu'on n'apprend pas à la maison.

Ce constat fait naître d'autres questions beaucoup plus générales : qu'est-ce qu'apprendre ? Qu'est-ce que savoir ? Peut-on tout savoir ? Questions qui rejoignent également des problèmes philosophiques (la question : « Peut-on tout savoir ? » a été discutée par la suite lors d'un échange organisé).

Même si leur aspect philosophique est limité – et il ne peut s'agir d'aller plus avant en quinze minutes – ces séances sont nécessaires car elles constituent un vivier potentiel de questions à venir. Elles sont, en quelque sorte, des séances préliminaires à l'atelier de philosophie. Leur importance réside dans le fait que, partant de questions anodines, elles ouvrent sur des problématiques philosophiques qui pourront être reprises plus tard. Elles aident l'enfant à prendre conscience que penser nous fait découvrir des horizons nouveaux.

Du côté de l'enseignant ce type de séance a l'avantage d'être courte et, même s'il travaille « sans filet », c'est l'occasion pour lui de s'exercer à l'animation, de tester sa capacité à guider un groupe en recentrant sur le sujet, en faisant le lien entre diverses idées, en relançant l'échange par la mise en évidence des contradictions, en invitant à développer... Bref à les aider car il faut du temps pour s'essayer à penser, cela ne va pas de soi et les résultats ne sont pas toujours probants au premier essai. Qu'importe, le but est simplement d'entrouvrir un espace de réflexion, les enfants sauront, par la suite, s'y engouffrer.

▶ Les discussions occasionnelles

Pour ceux qui voudraient aller plus loin, sans toutefois institutionnaliser l'atelier, pourquoi ne pas envisager des débats occasionnels à propos des questions ou remarques spontanées des enfants ? En effet, il n'est pas toujours possible ni forcément souhaitable de traiter immédiatement toutes les interrogations qui surgissent. L'enseignant peut alors, après en avoir perçu la pertinence, proposer d'en discuter à un moment, différer dans le temps où la classe est plus disponible. Par exemple, cette question qui fusa en CP, lors d'une activité de sciences à propos du cycle de la vie : « Comment ça se fait qu'on existe ? » Ne pouvant faire l'objet d'une séance spontanée, il serait dommage de la négliger sous prétexte d'un manque de temps ou de sa difficulté, car elle rejoint, au-delà de sa formulation maladroite, la grande question de notre origine : qu'est-ce qui fait qu'à un moment donné l'humanité existe ? Est-elle toujours préexistante ? Sommes-nous le produit d'une évolution ? D'une création ? Aussi, est-il nécessaire de prévoir du temps pour y réfléchir ensemble.

Parce que différée, l'enseignant est en mesure de réfléchir à son niveau au thème de la discussion, de la préparer en quelque sorte. Pour cela, il pourra très simplement envisager diverses pistes de réflexion possibles, expérimentant ainsi les difficultés rencontrées par les enfants. Ou cherchera-t-il un support, le plus ouvert possible (texte, fable, histoire...) pour faciliter la réflexion, permettre à ces derniers d'entrer directement dans le vif du sujet, d'être sensibles au problème soulevé. Ou encore, relira-t-il des philosophes qui ont écrit à ce propos ou, à défaut de références précises, reprendra-t-il des ouvrages de terminale. Ce sera pour lui l'assurance de comprendre philosophiquement la question, dans ce qu'elle a d'universel.

Il n'est nul besoin de rappeler que pour enseigner quoi que ce soit, mieux vaut le bien maîtriser. Il en est de même pour guider des enfants dans leur réflexion. Comment être attentif à la progression de leurs arguments, à la performance de leurs idées si l'enseignant n'a aucune culture philosophique ? N'est-ce pas vouer l'entreprise à l'échec que de revendiquer cette absence de culture pour soi-disant éviter de les influencer ? Ne pas les influencer n'implique pas pour autant les laisser se complaire dans la confusion. C'est comme si nous prenions soin de ne surtout point connaître la littérature enfantine de peur de les influencer dans leurs choix littéraires. Quel piètre éveil à la littérature ferions-nous alors ! Il en est de même en ce qui concerne la philosophie avec des enfants. Quel animateur se permettrait de ne rien connaître au sujet et de le découvrir en même temps que ceux qui discutent ? Un enseignant bien préparé, sachant de quoi il retourne, quelles sont les notions centrales, animera plus souplement, plus sereinement et guidera plus efficacement une discussion philosophique.

Au lieu de lancer directement la discussion, préférera-t-il alors instaurer une recherche individuelle ou à plusieurs, afin de repérer les éléments donnés par les enfants au cours d'un tour de table. Partir de leurs conceptions, de leurs questions, organiser le contenu qu'ils apportent rendra plus facile l'échange, en évitant l'écueil des lieux communs. Lui seul, par sa maîtrise du sujet, permettra un certain recul des enfants par rapport à leurs propos. Mise à distance nécessaire et indispensable au travail de construction de la pensée.

Voici un exemple de débat occasionnel avec des CP à propos de la question : « Comment ça se fait qu'on existe ? » (Trame retracée).

• À l'issue du tour de table, apparaissent d'emblée deux types de propos :

– Le premier cherchant une explication à partir d'une évolution : « Y en a qui disent qu'au début, il y avait des poissons, après ils sont sortis de l'eau et sur la terre, ils se sont transformés en singes et après c'est devenu des hommes. C'était des ancêtres » ; « Parce que d'abord, la terre elle existe et après il faut la remplir » ;

– Le second faisant état d'une réponse donnée à travers les mythes de la création : « Je crois que c'est Dieu qui nous a fait » ; « Au début, les premiers, c'est Adam et Ève ».

• Repérer ces positions fait naître immédiatement des questions qui lancent le débat : « Oui, mais la terre, comment elle s'est faite tout au début, avant les poissons ? » ; « C'est qui le papa et la maman d'Adam et Eve ? » ; « Dieu, avec quoi il nous a fait pour faire des os ? »...

• La discussion ne débouchera pas sur la victoire de l'une ou l'autre thèse, mais elle révèle aux enfants que leurs questions, parfois insolubles, sont celles de l'humanité, que des hommes tentent d'y répondre à partir d'un savoir scientifique, élaboré génération après génération, mais encore incomplet ; que d'autres préfèrent la réponse donnée par les religions qui tentent d'expliquer à leur façon le mystère de l'origine. Ils auront alors, dans ce cadre, le choix de leur réponse (c'est le fruit de leur liberté) en sachant qu'elle n'est ni la seule ni forcément la vraie.

Ce type de séance fait entrer de plain-pied dans ce que peut-être un atelier de philosophie. Mieux préparé par l'enseignant, le contenu aborde, au niveau des enfants bien sûr, des problématiques philosophiques. Il est aussi plus structuré dans sa forme : partant de leurs opinions, celles-ci sont discutées pour parvenir à une structuration, plus poussée, des idées émises par le groupe. Cependant, son caractère occasionnel le rend dépendant de l'apparition des questions d'enfants, et le travail de la pensée n'est pas suivi.

▶ L'atelier de philosophie

Instituer un atelier de philosophie suppose de le penser comme partie intégrante du travail de classe. Pour ce faire, l'enseignant doit réfléchir aux détails de sa mise en place : comment le présenter à l'institution, aux parents, aux enfants ? Comment choisir les thèmes, organiser les séances, selon quelle fréquence ? Quel est le rôle spécifique de l'enseignant ? ...

• *Comment le présenter ?*

Pour l'institution comme pour les parents d'élèves, nous avons montré combien certains objectifs de l'atelier rejoignent ceux des nouveaux programmes. La référence au *BO* du 26 août 1999 est assez explicite pour en assurer le bien fondé et rassurer si c'est nécessaire (cf. p. 93).

Au niveau des enfants, s'ils ont l'expérience de séances spontanées ou occasionnelles, ils auront déjà une idée des questions à partir desquelles ils vont réfléchir ensemble. Dans le cas contraire, il sera nécessaire de faire avec eux une séance préliminaire à propos du pourquoi de l'atelier. On peut, dès le CP, aborder l'étymologie de « philo – sophia », cela permettra de parler de ce que peut être la sagesse, en dehors du fait de se tenir sans bouger, sans parler et d'être obéissant, et partant de ce que signifie la recherche de la sagesse. Il sera sans doute utile de consacrer une séance aux types de questions qui seront abordées dans l'atelier. Cette précision est d'autant plus importante qu'elle débouche sur la distinction des différentes façons de questionner : les questions scientifiques (Pourquoi il pleut ? Comment vivent les baleines ?...); les questions psychologiques (pourquoi il faut toujours aimer son petit frère ? Si mes parents divorcent, comment ils pourront m'aimer encore tous les deux ?...) ; les questions philosophiques (peut-on tout savoir ? jusqu'où sommes-nous libres ?...). Il leur est nécessaire de bien comprendre que l'intention d'une question philosophique n'est pas d'apporter une solution immédiate et concrète pour régler une difficulté de notre quotidien mais qu'elle soulève un problème qu'on ne peut résoudre seul, ni en consultant les encyclopédies, qu'elle s'adresse à tous, petits ou grands, en questionnant ce qui nous rassemble au travers de nos expériences singulières.

- ***Comment choisir les thèmes, organiser les séances ?***

Sans doute l'aide de supports rendra-t-il plus facile le démarrage d'un atelier. Ceux-ci sont multiples et variés (la liste n'est pas exhaustive et dépend de l'inventivité des enseignants) : ce peut être des textes choisis dans la littérature enfantine (fables, extraits de romans) ; des mythes, ciblés sur une problématique (tel l'anneau de Gygès, tiré de la *République* de Platon) ; des passages de romans philosophiques (Voltaire, Lipman), ou encore des situations tirées du vécu quotidien comme celles que propose Michel Puech dans la collection « Les goûters philo » (éditions Milan) destinée aux enfants et aux adolescents. L'important c'est qu'ils ouvrent sur des questions philosophiques sans les traiter à la place des enfants. Ils ne sont cependant pas indispensables et au fur et à mesure des séances, les enfants amèneront d'autres questions qui pourront être abordées directement sans cet intermédiaire.

L'organisation et la durée des séances dépendent principalement de l'âge des enfants.

- *Au cycle 2* : il est rare que les séances dépassent 25 à 30 minutes. Etant donné l'âge des enfants, il est peut-être préférable de traiter une question par séance. Celle-ci peut être soit prévue à l'avance, soit choisie directement à partir des questions soulevées.

S'il part d'un texte, l'enseignant gagnera, en compréhension et en temps, à le lire lui-même. Le temps de discussion est court et il est toujours frustrant de l'arrêter, mais mieux vaut savoir finir en structurant les idées développées que de clore le débat dans la confusion. Il est important que les enfants puissent en garder une trace collective écrite qui pourra servir, si besoin est, de point de départ à d'autres questions. Ceci dit, l'enseignant doit organiser l'atelier selon la forme qui lui convient et il n'est pas aberrant de consacrer une séance à la lecture et la discussion et de faire à part, la récapitulation.

• *Au cycle 3 :* les séances peuvent être plus longues, 30 à 45 minutes. Les enfants sont plus à même de traiter un thème sur plusieurs séances, généralement trois : une pour mettre à jour la problématique, une autre consacrée à la discussion et une dernière pour structurer les idées travaillées. Là encore, l'enseignant choisira l'organisation qu'il sentira la plus adaptée aux enfants et à lui-même, l'important c'est qu'elle rende compte du travail de la pensée. Les enfants s'imprégneront de ces étapes nécessaires en s'y exerçant.

Quant à la fréquence de l'atelier, elle aussi est variable. Pour un enseignant qui se lance, une séance par mois, soit neuf séances sur l'année apparaît raisonnable et constitue déjà un travail cohérent. Par la suite, on peut arriver jusqu'à deux séances par mois, en sachant que cela demandera un certain investissement de la part de l'enseignant.

• *Le travail de l'enseignant*

Nous avons déjà décrit l'importance du rôle de l'enseignant. Comme pour n'importe quelle discipline, son travail jalonnera les différentes étapes de l'atelier : la préparation, en amont ; l'animation, pendant ; ce qu'il est possible d'en faire après.

– *La préparation :* nous n'y reviendrons pas, celle-ci étant identique pour une discussion occasionnelle ou pour la mise en place d'un atelier régulier. Toutefois, concevoir un atelier sur une année implique un travail dans la durée ayant des conséquences, en revanche, dans les étapes suivantes.

– *L'animation :* elle évoluera au fil des séances, s'assouplissant au fur et à mesure de la pratique avec des enfants. L'enseignant n'a pas à craindre les erreurs, il en commettra inévitablement et c'est normal, le plus dur pour lui sera, sans nul doute, de faire confiance aux enfants, de les laisser s'aventurer dans la réflexion et d'expérimenter ce nouveau rôle de guide.

– *Les suites* : après chaque séance, il est utile de faire le point tant en ce qui concerne le contenu que l'animation. Une façon assez efficace pour prendre la mesure du travail effectué, consiste à enregistrer les séances (audio ou vidéo) pour les reprendre et même les scripter. L'enseignant pourra alors améliorer son guidage : ainsi se rendra-t-il compte qu'à tel moment il eût été plus judicieux d'inviter tel enfant à approfondir sa pensée plutôt que de reformuler, qu'à tel autre une récapitulation leur eût évité de répéter ce qu'ils venaient d'expliciter, comment son manque de maîtrise du sujet, visible au travers de questions confuses, handicape les enfants pour sortir des lieux communs ou tout simplement que certains silences sont nécessaires pour réfléchir... Il pourra aussi revenir sur le contenu : comprendre comment les enfants parviennent à certaines distinctions, ce qu'ils sont à même de développer le plus facilement, jusqu'où ont-ils traité la question, quelles pistes ont-ils ouvertes ou fermées, ce qu'ils ont du mal à dépasser... Avoir bien présent le contenu d'une discussion rendra aussi plus efficace la séance de structuration des idées (au besoin, l'enseignant rappellera aux enfants des arguments oubliés).

Procéder ainsi demande du temps pour analyser correctement le travail effectué. S'engager dans la pratique d'un atelier de philosophie, c'est se donner les moyens d'utiliser au mieux cette dynamique intellectuelle.

Conclusion

Faire de la philosophie à l'école s'ancre dans un projet d'éducation porteur d'une certaine idée de l'homme. Jamais achevé, il est en perpétuelle quête de lui-même et du sens de sa vie, de ce qui fait qu'il appartient à l'humanité, qu'il en devient à la fois le dépositaire et le responsable. Le système éducatif ne pourra qu'y gagner, retrouvant au- delà des querelles de chapelle, son sens premier, celui de croire à la perfectibilité de l'homme, en sa capacité de réaliser son propre achèvement. L'homme doit se construire et donc apprendre, comme nous le rappelle déjà Kant : « L'homme ne peut devenir homme que par l'éducation.[1] »

De la même manière que l'enseignant accompagne l'enfant dans sa démarche rationnelle en faisant des mathématiques ou en appréhendant les phénomènes physiques, il l'accompagnera, à son niveau, dans la découverte de la raison aux prises avec les grandes questions de l'humanité : la mort, l'existence, le beau, le juste, le savoir... Que les enseignants se rassurent, faire de la philosophie ne signifie pas forcément révolutionner leur acte pédagogique. Cela suppose seulement de laisser ouvert cet espace de réflexion et d'accueillir ces interrogations en restant fidèles aux objectifs spécifiques de toute démarche philosophique. Les chemins de la raison sont multiples : les uns suivront les méandres qui conduisent jusqu'au cœur des mots, progressant parfois à l'aveugle pour déboucher sur un paysage nouveau, offrant d'un seul coup une vision panoramique insoupçonnée ; d'autres, plus rapides, emprunteront les autoroutes des grandes problématiques, butinant cependant à droite ou à gauche les significations qui leur permettront de poser les repères indispensables pour s'y aventurer ; tandis que certains avanceront consciencieusement, jalonnant leur itinéraire de significations qui, progressivement, nourriront leur pensée.

Les enseignants ont tout intérêt à mutualiser leur pratique, non pas pour établir un programme qui risquerait d'enfermer cette

---

1. Kant, *Réflexions sur l'éducation* (1803), p. 73.

Conclusion

dynamique dans un moule réducteur parce qu'obligatoirement progressif ; mais pour découvrir la multiplicité des trajets dont l'aventure, toujours nouvelle, est à chaque fois recommencée. Cette fragilité constitue la richesse même de l'atelier.

Quel que soit le chemin emprunté, il importe, qu'à ce niveau, la démarche intellectuelle ait commencé. Ce que nous avons retenu de notre expérience, c'est le désir qui anime les enfants, désir d'apprendre et de connaître, désir de donner du sens au monde qui les entoure, désir d'y prendre part. « La démarche des encyclopédistes montre à son lecteur le savoir-faire du savoir. L'école, oubliant le savoir, n'offre plus qu'un apprentissage du savoir-faire, bref des chemins qui ne mènent nulle part.[2] » déplore D. Lecourt.

Le travail de l'atelier nous donne à espérer que les élèves ne soient plus uniquement ces têtes remplies de savoir-faire inutiles à la réflexion, mais des êtres désirant savoir.

Ils découvriront alors que ces connaissances, portées par d'autres hommes, méritent d'être transmises et développées constamment. Le but ultime de l'éducation n'est-il pas qu'ils puissent devenir des êtres curieux, actifs et finalement libres dans leur acte de penser, capables d'émettre des jugements éclairés par la raison, c'est-à-dire capables de faire des choix et donc d'être libres ?

Sans doute faudra-t-il pour cela qu'enseignants et élèves découvrent ensemble, tout au long de cette aventure de la pensée, une vertu essentielle et hélas trop oubliée aujourd'hui, vertu inhérente à l'effort intellectuel, vertu qui ne se laisse point enfermer dans une méthode ni à l'intérieur d'aucun dispositif puisse-t-il être le plus subtil, vertu dont le seul nom rappelle tous les combats de l'humanité rendant tout être humain digne de se tenir debout, à savoir : le courage, le courage de penser.

« Sapere aude [3] », nous ordonnait le siècle des Lumières.

Parce que professionnels de l'éducation nous sommes responsables de cet héritage. À nous de nous en montrer dignes.

---

2. D. Lecourt, *À quoi sert la philosophie ?*, p. 277.
3. Devise des Lumière : Kant, dans *Qu'est-ce que les lumières ?*, explique cette devise : « Ose penser. Aie le courage de te servir de ton propre entendement », « Pour répandre ces lumières, il n'est rien moins requis d'autre que la liberté [...] de faire usage public de sa raison dans tous les domaines. »

Bibliographie

AGACINSKI S., « Ces éducations prématurées qui font tant de bruit », dans *Qui a peur de la philosophie ?* GREPH, Paris, Champs Flammarion. 1977.

ARENDT H., « La crise de l'éducation », dans *La crise de la culture*, Gallimard, Coll. « Folio essais ». 1989.

ARISTOTE, *Éthique à Nicomaque*, « livre VIII ». Garnier-Flammarion.

BERGSON H., *L'évolution créatrice*, Paris, PUF, 1966.

CONCHE M., *Le sens de la philosophie*, Éditions Encre marine. 1999.

COMTE-SPONVILLE A. et FERRY L., *La sagesse des modernes,* Paris, Robert Laffont, 1998.

DESCARTES R., « Méditations métaphysiques », dans *Œuvres et lettres*, « Lettre au Marquis de Newcastle (23 nov. 1646) », Paris, La Pléiade, NRF, Gallimard, 1953.

ÉPICURE, « Lettre à Ménécée », dans *Lettres et maximes*, traduction, présentation et commentaires M. Conche, PUF, Coll. « Epiméthée ». 1992.

HEGEL G.W.F., *Phénoménologie de l'esprit*, Tome 1, traduction J. - H Aubier, Paris, Éditions Montaigne, 1941.

JASPERS K., *Introduction à la philosophie*, (chap. 1)

KANT E., *Critique de la raison pure*, Paris, Garnier Flammarion, 1976.

– *Réflexions sur l'éducation,* Paris, Vrin, 1966.

LECOURT D., « Instruire ou éduquer ? » dans *À quoi sert la philosophie ?* Paris, PUF.

LIPMAN M., *Elfie*, traduction Dollard Le Blanc et Arsène Richard, Centre de ressources pédagogiques, Moncton, Québec, 1992.

– *Kio et Augustine*, traduction Eric Goguen et Arsène Richard, Éditions d'Acadie, Québec, 1992.

Bibliographie

NANCY J.-L., « Philosophie en cinquième », dans *Qui a peur de la philosophie ?*, GREPH, Paris, Champs Flammarion, 1977.

MERLEAU-PONTY M., *Éloge de la philosophie*, Idées NRF, Gallimard 1969.

MONTAIGNE M.-E., chap. XXVI, « De l'institution des enfants », dans *Essais*, Coll. Livre de poche.

PERELMAN Ch., *L'empire rhétorique*, Vrin, 1997.

PLATON, *Œuvre complètes I et II*, traduction et notes par Léon Robin, Gallimard, 1977.

PUECH M., Collection « Les goûters philo », Paris, éditions Milan.

ROUSSEAU J.-J., *Du contrat social*, Garnier Flammarion, 2001.
– *L'Émile ou de l'éducation*, Œuvres complètes, Tome 3, Le Seuil, 1971.

SAVATER F., *La valeur d'éduquer*, traduction Hélène Gisbert, Manuels Payot, 1998.

TOZZI M., *Penser par soi-même, initiation à la philosophie*, Lyon, Chroniques sociales, 1994.

VALÉRY P. « Poésie et pensée abstraite », « Propos sur la poésie », dans *Œuvres Complètes*, La Pléiade, Tome 1, Gallimard, 1957.

VERNANT J.-P., *Les origines de la pensée grecque*, PUF, Quadrige, 1988.

VIGNAUX G., *L'argumentation*, coll. « Optiques », Paris, Hatier, 1999.

WALLON H., *Les origines de la pensée chez l'enfant*, PUF, Quadrige, 1989.

Document vidéo : *Un atelier de philosophie à l'école élémentaire*, IUFM de Montpellier, avril 2001(29 mn). Conception et réalisation A. Lalanne et P. Betrom. Disponible auprès de P. Betrom, IUFM de Montpellier, 2 place Marcel Godechot, 34092 Montpellier cedex 5 (12 €).

DANS LA COLLECTION
PRATIQUES ET ENJEUX PÉDAGOGIQUES

Analyser les situations éducatives, Yveline Fumat, Claude Vincens, Richard Étienne - n° 48

Apprendre la santé à l'École, Brigitte Sandrin-Berthon - n° 10

Apprentissage et identité sociale. Un parcours diversifié, Nathalie Amoudru - n° 28

La classe spécialisée, une classe ordinaire ?, Rémi Casanova - n° 21

Comment faire de la grammaire, Marc Campana et Florence Castincaud - n° 24

Construire des compétences dès l'École ?, Philippe Perrenoud - n° 14

Des ateliers Montessori à l'école. Une expérience en maternelle, Béatrice Missant - n° 37

Donner du sens à l'École, Michel Develay - n° 1

L'École à venir, Alain Kerlan - n° 18

L'école aujourd'hui : quelles réalités ? Obstacles, réussites, perspectives, Paul Ravel - n° 34

L'éducation artistique à l'École, Isabelle Ardouin - n° 13

L'éducation technologique, Joël Lebeaume - n° 27

Éduquer les enfants sans repères, Philippe Gaberan - n° 3

Éduquer par le Jeu Dramatique, Christiane Page - n° 7

L'enseignant, un passeur culturel, Jean-Michel Zakhartchouk - n° 22

Enseignants : reconnaître ses valeurs pour agir, Christiane Valentin - n° 9

Enseignement supérieur : vers un nouveau scénario, Louise Langevin et Monik Bruneau - n° 31

Enseigner le droit à l'école, François Robert - n° 26

L'erreur, un outil pour enseigner, Jean-Pierre Astolfi - n° 8

Les études dirigées au collège. Problèmatique et propositions, Nathalie Amoudru - n° 41

L'évaluation dans l'école. Nouvelles pratiques, Louise Bélair - n° 23

L'évaluation démystifiée, Charles Hadji - n° 11

Faire la classe à l'école élémentaire, Bernard Rey - n° 15

Faire de la philosophie à l'école élémentaire, Anne Lalanne - n° 44

Frankenstein pédagogue, Philippe Meirieu - n° 2

Guide des aides aux élèves en difficulté. Adaptation et intégration scolaires, Dominique de Peslouan et Gilles Rivalland - n° 46

L'Histoire à l'école. Modes de pensée et regard sur le monde, Charles Heimberg -n° 40

Intégrer les nouvelles technologies. Quel cadre pédagogique ?, Jacques Tardif - n° 19

Laïcité et culture religieuse à l'École, Nicole Allieu - n° 4

Manifeste pour les pédagogues, Jean Houssaye, Michel Soëtard, Daniel Hameline, Michel Fabre - n°43

Parents, comment aider votre enfant ? Michel Develay - n° 20

Pertinences en éducation. Tome 1, André de Peretti - n° 35

Pertinences en éducation. Tome 2, André de Peretti - n° 36

Philosophie pour l'éducation, Alain Kerlan - n° 47

Pour une éducation du corps par l'EPS, Patrick Fargier - n° 12

Pour une anthropologie des savoirs scolaires. De la désappartenance à la réappartenance, Jacques Lévine, Michel Develay - n° 49

Pourquoi des mathématiques à l'École ?, Roland Charnay - n° 5

Pratique de l'Analyse Transactionnelle dans la classe. Avec des jeunes et dans les groupes, Nicole Pierre - n° 42

Pratiques de l'écrit en maternelle, Sous la direction de Dominique de Peslouan - n° 38

Profession, chef d'établissement, Yves Grellier - n° 17

Professionnaliser le métier d'enseignant, Anne Jorro - n° 45

Propos sur les sciences de l'éducation, Michel Develay - n° 33

Quelle École pour quelle citoyenneté ?, Georges Roche - n° 16

Quelle école voulons-nous ? Dialogue sur l'école avec la Ligue de l'enseignement, Alain Kerlan, Michel Develay, Louis Legrand, Éric Favey - n° 39

Recherche documentaire et apprentissage. Maîtriser l'information, Frédérique Marcillet - n° 29

Le redoublement : pour ou contre ?, Jean-Jacques Paul - n° 6

La relation école-familles. « Peut mieux faire »,
Judith Migeot-Alvarado - n° 32

Les relations dans la classe, au collège et au lycée, Bernard Rey - n° 25

Les réseaux d'établissements. Enjeux à venir, Richard Étienne - n° 30

* * *

Pour tous les autres titres de notre catalogue, voir notre site :
www.esf-editeur.fr

ACHEVÉ D'IMPRIMER EN OCTOBRE 2004 SUR LES PRESSES DE CORLET, IMPRIMEUR, S.A.
14110 CONDÉ-SUR-NOIREAU - NUMÉRO D'ÉDITION : 3026 ED 2826
DÉPÔT LÉGAL : OCTOBRE 2004 – NUMÉRO D'IMPRESSION : 80300

Imprimé en France